劳动和
社会保障
研究丛书

我国社会补偿制度的构建

张　韵◎著

中国出版集团有限公司
研究出版社

图书在版编目（CIP）数据

我国社会补偿制度的构建 / 张韵著. 北京：研
究出版社，2025. 1. — ISBN 978-7-5199-1704-3

Ⅰ. F842. 61

中国国家版本馆 CIP 数据核字第 20241VU184 号

出 品 人：陈建军
出版统筹：丁　波
责任编辑：韩　笑

我国社会补偿制度的构建

WOGUO SHEHUI BUCHANG ZHIDU DE GOUJIAN

张　韵　著

研究出版社 出版发行

（100006 北京市东城区灯市口大街 100 号华腾商务楼）

北京新华印刷有限公司　新华书店经销

2025 年 1 月第 1 版　2025 年 1 月第 1 次印刷

开本：710 毫米×1000 毫米　1/16　印张：11.25

字数：160 千字

ISBN 978-7-5199-1704-3　定价：68.00 元

电话（010）64217619　64217652（发行部）

前　言

　　现代社会的风险损害具有大规模破坏性、发生不确定性、后果严重性等特点，侵权损害赔偿制度及社会保障制度在填补人民生命健康损害、维护人民基本生活安全、实现社会安全方面存在不足，无法回应现代社会风险的需求。随着社会以法治国理念的兴起，国家责任得以扩张。传统意义上的国家责任以适法性行为为前提，强调公权力主体应该承担的违法责任。而扩张意义上的"国家责任"是与公民权利保护相对应的国家保护义务，包含对公民各项权利的尊重、保护和实现义务。某些特定原因损害的发生，改变了传统国家责任的归责基础，扩大了国家责任的保障范围，对于基于特别牺牲、基于社会公共利益、基于连带事由而遭受的非财产损害，尽管国家对损害的发生具有间接责任，但也应由国家主导，进行损害的社会化分散，形成更加社会化的损害救济与分担机制。"社会补偿"是一个新近的社会法观念，尽管我国未使用"社会补偿"概念，但在立法实践中，存在具有社会补偿制度属性的补偿制度，如战争受害者补偿、犯罪被害人补偿、失独家庭补偿等。这些具体的补偿制度类型一般以单行立法、分散立法的方式进行规制，或者以临时性的社会政策进行调整，存在立法碎片化、分散化，法律效力较低等不足。整体而言，我国对于社会补偿的基础理论和制度体系的研究仍处于边缘状态，有必要结合我国现有损害分担机制，构建符合我国现实需求的社会补偿制度。构建社会补偿制度对填补我国损害分担机制的不足、满足受害人的风险损害补偿需求、完善社会保障制度、实现社会稳定与公平具有重要意义。因而，本书以我国社会补偿制度的构建问题为主要研究对象，对社会补偿的内涵外延、发展演进、构成要件、体系类型、法律结构进行分析，对当下具有社会补偿属性的各项补偿制度进行整合，为我国未来引入社会补偿制度提供必要的理论支撑和制度支持。

第一章 绪论

第二章 以国家责任为中心的社会补偿之现实需求

第三章 社会补偿的基础理论

第四章 社会补偿中国家责任的界分

绪　论

一、我国社会补偿制度构建的背景与源起

(一) 我国社会补偿面临的挑战与问题

每一次风险损害事件的爆发，都会引起社会公众的强烈关注和广泛讨论。社会公众一方面关注突发事故发生的原因及事故损害赔偿的责任，即应该由谁出面承担赔偿或补偿责任？另一方面更加关注受害人生命健康及生活安定的损失补偿问题，即应该获得何种方式，何种额度的补偿？

受害人所遭受的"风险损害"不同于传统社会损害，具有发生的不可预测性、损害的不可归责性等特点。这样的风险属性导致我们很难判断诱发风险的责任主体，由政府进行道义上的抚恤、由社会公众进行慈善捐赠成为风险损害后果的一次性补偿手段，对于未能获得补偿的损失部分只能由受害人自己负担。同时，此类风险损害具有波及的大规模性及结果的严重破坏性的特点，在现有传统的损害赔偿制度下，难以认定风险损害的后果和程度，政府的抚恤标准也难以统一，"一事一议"的补偿方案不免会让政府的补偿标准陷入舆论争议的旋涡之中，甚至由于补偿标准过低，导致许多个人或家庭因为无力负担损害后果而陷入困境。最终，这些高频出现的"风险"在现代社会逐渐以合法状态存在，社会风险所带来的大规模损害常常被看作一场"天灾"，只是纯粹的个人不幸。事实上，当大规模的意外事故不断发生，给人民带来极大的生命、身体、健康及基本生活损害，已经不仅仅是一个社会问题、政治问题，更是一个法律问题，即需要我们在何种损害事由下，设置何种补充性的补偿机制，来处理各类社会风险导致的人身损害；谁应该被认为是具有补偿请求权的人？谁应该被视为具有补偿给付义务的人？需要按照何种标准、何种方式给予补偿？

现代社会的风险伴随着工业社会的发展而产生，尽管工业化带来新

的经济发展、技术突破以及社会进步，但也加剧了社会各阶层间的不平等，并对人类的生命健康、基本生活等带来了更大的威胁，增加了人类社会发展结果的不确定性、风险性。在现代化工业化的发展过程中，"财富与分配冲突"的社会问题逐渐同"风险与分配冲突"的社会因素结合在一起，以此逐渐推动以"发展"为导向的工业社会，走向以"安全"为导向的风险社会；"不安全"的社会价值体系逐渐成为主流。① 回归法律层面，风险的不可预测性导致无法准确判断风险产生的原因，无法判断诱发风险的法律责任主体，甚至在很多意外风险事件中，没有人真正承担风险事故的损害责任；风险的不可归责性导致现有的损害赔偿制度无法发挥实现赔偿受害者损失的作用，无法发挥预防、分担风险的功能，很多事故受害人被迫排除在国家救助的安全网之外。风险问题的普遍存在性与现实损害的紧迫性对各个国家政策及法律调整都提出了全新的挑战，我们不得不开始反思传统法律制度对风险预防、风险分散、风险补偿的功能和作用，风险规制逐渐成为各国政府的一项新任务。这意味着工业社会时期如何调整、解决财富分配及不平等问题逐渐转变为风险社会如何预防事故及分担风险问题；法律制度既要关注对现有的已知问题的应对解决，又要关注对未来的未知问题的预防规制；国家责任也应对预防、分散风险损害给予回应和调整。

　　国家责任经历了从"国家豁免"到"国家过错责任"的发展历程，又经历了从"国家过错责任"到"国家无过错责任"的发展历程，而后又经历了"国家补偿责任和国家赔偿责任相分离"的发展历程。当下风险社会的到来，更进一步改变了传统国家责任的归责基础，扩大了国家责任的保障范围，形成更加多元的损害救济机制。我国虽然不属于风险社会，但是处于社会风险之中，国家责任需要对不断变化的社会风险损害作出预期与调整。

---

　　① 参见［德］乌尔里希·贝克：《风险社会》，何博闻译，译林出版社2004年版，第17页。

首先，国家赔偿与行政补偿逐渐呈现出相对化的发展趋势，基于结果责任的国家补偿逐渐兴起。传统以行政行为适法性为基础的国家赔偿或补偿制度在面对风险损害时，缺少归责基础及责任认定要件，无法适用于这些风险损害救济的情况，亦无法实现个人风险的社会分担功能。由于现代社会的风险源自社会活动，社会分工的强化形成更加紧密的社会连带关系，国家对公民的安全保护义务与风险损害后果之间呈现间接关系。如果人民所遭受的损害不能在国家赔偿制度中获得补偿或赔偿救济，国家应该根据某些特定损害原因和损害后果，给予特定标准的补偿，这种基于结果责任的，以国家、社会整体力量分担受害人的风险与损失更有利于公民的权利救济，也更加有利于社会的安定有序。

其次，建立在矫正正义基础上的传统损害赔偿制度在应对风险损害方面遭遇瓶颈，分配正义逐渐蔓延至安全领域。当风险发生的时候，阶级与阶级的分裂并未被风险冲突所取代，反而是根植于阶层差异之中。正如在一般风险中，强势阶层的社会成员具有更高的抗风险能力，具有购买、应对、规避风险的机会和能力；而弱势阶层的社会成员属于社会易受伤害者，缺少购买、应对、规避风险的机会和能力，会因风险的发生陷入更加不利的地位，甚至还会付出生命的代价。这意味着风险的应对、规制因为阶层的不同而不同，甚至风险损害结果因为阶层的不同而扩大，于是在对于风险的承受中难免产生了一种新的社会不平等。此外，如果因为无法判定违法行为的存在、无法找到责任主体或归责原则，抑或为了特定社会利益而遭受损害的情况存在，则无法获得赔偿本身也是一种不平等。当矫正正义逐渐进入社会安全领域，安全成为一种可以被分配的利益；国家有责任保障、恢复特定群体因特定利益而牺牲的公平。在一定意义上讲，安全并不能取代平等，反过来平等却可以产生安全；对安全的诉求只有在以平等为根据而被提出的时候，才会变得更为有效。①

最后，社会以法治国理念的兴起促使国家对安全保护义务进行扩张，以实现社会安全为目标。在风险社会的背景下，基于国家保护义务的扩张，引入社会补偿制度是国家为了预防各类风险导致的损害，在受害人无法通过社会保险、社会救助、侵权损害赔偿等制度获得救济时，以社会整体力量分担受害人的损失，② 对受害人生命、健康等损失给予及时补偿的救济制度，促使损害赔偿制度走向社会化。

在相当长的时间内，我国现有法律制度中，侵权损害人维护权益的途径都是侵权损害赔偿制度。即使是国家赔偿与行政补偿制度也是建立在矫正正义基础之上，以侵权损害赔偿制度的分析逻辑展开。由于传统的侵权损害赔偿在填补损害问题上具有制度的局限性，于是为了应对大规模侵害的救济，民事侵权责任领域开始出现无过错责任；为了应对行政补偿与国家赔偿对公民非财产利益补偿的盲区，在行政法领域产生了基于结果责任的行政补偿制度；这些发展都为社会补偿制度的提出和发展提供了契机和实践经验。无论何种损害赔偿制度的调整，都是为了在"个人自由主义"与"社会安全正义"两项基本价值之间进行调和与平衡。于我国而言，尽管社会补偿属于新生概念，该用语还不够普及，但某些制度的实施以及政府临时性的举措已经具备社会补偿制度的属性，一般是以单行立法的方式进行调整，或者以临时性的政策进行调整。比如为了解决失独家庭的生活扶助问题，自 2007 年起，独生子女伤残死亡家庭扶助制度在全国范围内开始试点实施；为了应对战争受害者的补偿问题，我国拥有军人优抚制度；为了解决疫苗接种引发的不良反应，我国《疫苗管理法》专门对免疫规划疫苗的异常反应损害做出了补偿规定等。这些法律规则以及政府临时性的举措在解决受害人补偿中当然

---

① ［德］乌尔里希·贝克等：《风险社会与中国——与德国社会学家乌尔里希·贝克的对话》，载《社会学研究》2010 年第 5 期。

② 林嘉等：《突发公共卫生事件社会补偿制度的构建》，载《中国人民大学学报》2020 年第 5 期。

具有重要作用，但是仍需要对社会补偿进行理论证成与规范分析，整合形成体系化、规范化的补偿制度，对损害补偿的标准、范围、认定等内容仍需结合整体的制度规则进行明确和规范。整体上，我国在社会补偿领域从理论研究到社会实践都存在短板，面对诸多不确定的大规模风险损害，通过临时性、碎片化的政策调整补贴受害人的损失，可能会突破现有社会保障制度、侵权损害赔偿制度的规定，影响现有法律制度体系的规范性、安定性。综上所述，从我国各类风险事件导致的受害人补偿实践来看，我国已经具备研究社会补偿制度的土壤；从我国社会保障法理论以及国家安全保障责任的发展来看，我国已经具备研究社会补偿制度的理论基础；从实施受害人损害保护的现实需求来看，我国社会补偿制度的构建已经迫在眉睫。

（二）域外社会补偿的提出与发展

社会补偿制度兴起于德国，而德国社会补偿制度的形成与对战争受害人的照顾密切相关。[①] 德国 1950 年的《战争被害人照护法》将国家保护、照顾战争受害者责任予以明确，这使得战争受害者能够获得生活照顾成为一项典型的社会补偿制度。而后，德国将对战争受害者的生活照顾作为社会补偿制度的起点，将社会补偿的对象由战争受害者逐渐拓展至非战争受害者，例如对刑事犯罪被害人给予的补偿，对疫苗接种不良反应者的补偿，对基于公共利益遭受损害的人的补偿等，这些不同类型的补偿逐渐成为德国现代社会补偿的主要类型。德国社会补偿是对战争后果的制度回应，社会政策、公平正义、法治国家、特别牺牲等都是社会补偿制度的基础。而《社会法典》第一编总则（Sozialgesetzbuch Erstes Buch-Allgemeiner Teil，简称 SGB Ⅰ）第五条之规定是德国社会补

---

① 和春雷等：《当代德国社会保障制度》，法律出版社 2001 年版，第 57 页。

偿制度的法律基础。① 2019 年 12 月，经过联邦参议院批准，将社会补偿法律规范作为《社会法典》第十四编（Sozialgesetzbuch Vierzehntes Buch-Soziale Entschädigung，简称 SGB ⅩⅣ），其中第一条规定，对于由共同体承担特殊责任的损害事件导致社会成员遭受健康损害的，应给予补偿帮助。以德国为代表的社会补偿主要涉及以下类型：战争受害者补偿制度、疫苗预防接种损害补偿制度、药害补偿制度以及因公益行为遭受损害的补偿制度；而有权请求获得社会补偿的主体包括受害人及其家属、遗属及其他相关亲属；受害人是指遭受本法规定的有害事件导致健康遭受损害的人；家属是指受害人的配偶、子女和父母；遗属是指鳏寡孤独者，如寡妇、鳏夫和孤儿、父母以及受抚养人；其他相关的亲属是指兄弟姐妹以及与受害方有类似婚姻关系的人。

在德国社会法的学术研究领域，最早研究社会补偿制度的学术专著出现在 20 世纪 70 年代，这一时期社会补偿问题研究的热潮主要源于"二战"后德国社会法领域推行的一系列改革，学者们也较为关注社会补偿作为社会法的一项独立制度的研究。此后，由于社会补偿对象的范围较小、社会补偿预算较低等现实原因，使得学者对于社会补偿问题的关注程度相较于社会保险而言较低。近年来，由于德国社会补偿立法将纳入《社会法典》第十四编，学者们对于社会补偿问题的讨论再次兴起，并且更加专注社会补偿权这一主题的研究。此外，德国在建构社会补偿制度之初，不以社会保险制度中已有的意外保险为基础继续发展，而是由战争受害者的补偿来建构相关措施，这属于立法政策的决定，德国学界也对此项决定有过疑虑，因为战争受害者补偿原本就是为了抚平战争时期所产生的创伤，较难适用于和平时期的一般需求；但是随着补偿制度的逐渐完善，这一疑虑逐渐减少，后来就认为战争补偿制度是社

① 《社会法典》第一编第五条规定：基于国家整体对于特别牺牲之补偿，基于照顾法上的原则而生之其他理由，人民就其所遭受之健康损害，对下列事项拥有请求权：（一）用以维持、改善以及恢复其健康与工作能力之必要措施；（二）适当之经济照顾。受害者之遗属亦得请求适当之经济照顾。

会补偿制度的起点，至少与意外保险相辅相成。而后，日本在西法东渐过程中，借鉴德国经验，逐步建立了适合本国国情的犯罪被害人保护制度、疫苗接种不良反应的损害救济制度等；而我国台湾地区在借鉴德国和日本的经验后，逐渐建立起涵盖药害补偿、特定政治事件补偿、刑事犯罪被害人补偿等制度。

随着德国社会补偿制度的发展，日本开始借鉴德国社会补偿制度，引入犯罪被害人保护、传染病预防与疫苗接种损害、药害补偿等具体类型的补偿制度。日本目前没有使用社会补偿的这一概念，但在国家赔偿与损失补偿相对化的发展过程中，日本行政法逐渐形成"基于结果责任的国家补偿"。日本学者将损害发生的场合，虽然存在权利救济的必要性，但无法从损失补偿与国家赔偿中获得救济的情况称为"国家补偿的低谷"。[1] 日本基于结果责任的国家补偿认为人民所受之损害（非国家的行动所致的损害），不能由国家赔偿或损失补偿制度而获得救济时，参酌损害发生的结果，国家亦应负担填补责任。[2] 基于结果责任的国家补偿情况比较复杂，一般可以由个别立法来解决，也可以在司法诉讼过程中由法律解释来解决，当然也暂时难以形成统一、规范的法律规则。[3] 但由于在该学说中，基于结果责任的补偿逐步转嫁给全体人民负担，事实上已具有社会保障法的属性。此外，在具体社会补偿制度的研究和实践中，日本采用分散立法的模式，借鉴德国社会补偿制度的基本理论，逐步建立了疫苗接种补偿、药害补偿、犯罪被害人补偿等法律制度；行政法学者与社会保障法学者也对前述各项补偿制度所涉及的问题展开研究。

我国台湾的社会补偿制度主要是借鉴德国、日本的制度经验。关于社会补偿的基本概念，既有行政法学者讨论，也有社会法学者讨论。社

---

① 参见［日］市桥克哉等：《日本现行行政法》，田林等译，法律出版社 2017 年版，第 361 页。
② 叶百修：《损失补偿法》，新学林出版社 2010 年版，第 12 页。
③ 参见［日］市桥克哉等： 《日本现行行政法》，田林等译，法律出版社 2017 年版，第 401 页。

会法学者认为社会补偿是政府对人民因为战争、特定事件、公权力等造成的损害予以填补，即使合法行使公权力，或虽无违法行为，但未善尽职责，以致人民受有损害，在社会正义的考量下，政府透过立法方式，对该损害予以填补；社会补偿原理建立在"共同体责任"的基础上，也是对遭受特别损害者之损害予以平衡，由政府以税收提供此项给付。① 社会补偿应该属于社会法的一项具体制度类型。亦有行政法学者将社会补偿归于行政补偿的一部分，是国家赔偿与损失补偿相对化倾向的结果，法理基础可诉求于国家赔偿制度与行政补偿制度的扩张适用。② 但是随着社会补偿问题研究的深入，行政学者仍更愿意采取一种更为传统、严谨的观点，对于非行政行为导致的损害补偿暂不纳入行政补偿的范畴，没有必要因为结果责任的介入，破坏现有国家赔偿与行政补偿的认定体系。因而，现在学者们一般认为社会补偿属于社会保障法的一项具体制度。此外，相较于社会补偿基础理论的讨论，当下社会法学者更加关注疫苗接种补偿、药害补偿、犯罪被害人补偿、特定事件补偿等具体补偿制度的讨论。

（三）我国社会补偿制度构建的重点问题

目前，我国大陆地区学者对社会补偿制度的研究主要涉及社会补偿权、突发公共卫生事件的社会补偿、公共灾害的社会补偿、高空抛物的补偿、社会安全事件的补偿、妇女生育的社会补偿、军人优抚的社会补偿、土地征收的补偿、刑事犯罪被害人补偿、核事故损害补偿、失独家庭补偿、见义勇为的损害补偿、危险驾驶被害人的补偿、野生动物意外损害的补偿等内容。在专著材料中，只有郑尚元教授在其主编的《社会保障法》一书中，用一章的内容对社会补偿制度进行论证，这是目前最为系统研究社会补偿制度的教材。该教材认为我国的社会补偿是以

① 台湾社会法与社会政策学会主编：《社会法》，元照出版有限公司 2015 年版，第 42 页。
② 叶百修：《损失补偿法》，新学林出版社 2010 年版，第 13 页。

特定原因受到损害为前提，主要包括战争受害者补偿、犯罪受害人补偿、特别伤害补偿这几种类型，其中特别伤害补偿又可以包含药害补偿、突发事件受害补偿等。由此可以看出，社会补偿的研究整体仍处于不足状态，尤其是缺少系统性、专门性的研究，对于社会补偿的基本内涵、法律特征、制度体系、权利义务内容等仍然缺少深入的阐释研究；尽管刑法学、民法学、行政法学、社会法等学科均使用补偿一词，但社会补偿与民事侵权损害赔偿补偿制度、国家赔偿补偿制度、刑事赔偿补偿制度之间的关系仍未研究清楚，社会补偿的法律术语仍未建立；尽管各类具体损害问题的补偿开始逐渐纳入研究的视野，尤其是犯罪被害人补偿、军人优待抚恤的问题研究相对较多，但是各类补偿制度仍处于研究的初期阶段，缺少更为扎实的社会补偿制度基础理论作为支撑。因此，回到社会补偿制度的构建问题，亟待解决以下重点问题：

一是国家责任视野下社会补偿的基础理论问题。社会补偿基础理论的研究是社会补偿制度构建的基础，能够为社会补偿制度构建提供理论支撑。首先，当前学术界对社会补偿法的产生发展，对社会补偿的基本内涵、理论基础、基本原则、本质与特征、权利属性、法律关系等内容仍停留在提出概念的层面，尚未完成基础性的整理研究，不利于推动社会补偿制度内容的研究，也不利于推进社会补偿具体制度的类型化构建，更不利于完善我国社会保障体系内容。其次，当下社会补偿制度的研究对域外先进制度经验的借鉴与比较研究存在不足，在一定程度上限制了我国社会补偿制度的本土化构建思路。社会补偿涉及的各类损害补偿问题都极具国家特色，我们有必要在研究清楚域外社会补偿制度的基础上，结合我国社会发展中的各项损害补偿问题，探索构建适合我国的社会补偿制度。最后，研究社会补偿制度的基础理论问题，可以形成我国社会补偿制度的法理基础，有助于与域外其他国家、地区进行社会补偿制度交流，并为域外其他国家、地区提供"中国经验"。

二是社会补偿制度中国家责任的界分问题。社会补偿制度的构建既需要考虑个人责任与国家责任的分配，也需要考量国家财政给付的能力和水平，这样才会避免国家补偿责任的过重压力。在社会补偿制度中，所有公民都有权获得社会补偿请求权，但最终能否获得社会补偿给付需要根据事故发生的原因进行认定。这意味着社会补偿的给付原因、给付标准及给付内容必须是法定的，这样才能够在国家责任和个人责任之间形成法定的平衡。我们有必要研究社会补偿运行中，国家责任的边界、依据、范围；有必要研究社会补偿给付的法定要件、给付标准、给付方式、给付资金等问题。社会补偿制度的构建既要赋予社会补偿申请人获得补偿给付的请求权，也要赋予国家给付的追偿权，避免国家责任的过度泛滥。

三是我国社会补偿的制度构建问题。梳理我国社会补偿的具体问题可以发现，当前主要涉及以下几种类型：基于特别牺牲的损失补偿，如军人优待抚恤问题、失独家庭补偿问题；基于社会连带的损失补偿，如犯罪受害人补偿问题、药害补偿问题、疾病预防损害补偿问题、高空抛物坠物补偿问题；基于突发公共事件的损害补偿，如突发公共卫生事件补偿问题、突发安全事件补偿问题等；基于公共利益保护所生损害的补偿问题，如志愿服务受害、见义勇为所生损害的补偿问题。这些不同类型的问题能否纳入社会补偿制度之中，能否形成相对具体的补偿标准与补偿范围，能否设立社会补偿基金等问题都需要在社会补偿理论框架内进行探讨和研究。在阐释社会补偿基础理论的基础之上，我们有必要从不同类型补偿制度的问题出发，结合实践经验，具体分析我国社会补偿制度的构想，这对于社会补偿制度的运行和适用具有重要意义。

二、社会补偿制度的功能和价值

（一）有助于健全社会保障制度体系

在现代社会，人们对风险的存在早已形成通识。由于风险发生的不确定性导致风险结果、损害程度无法通过科学的概率计算，也无法通过预期监控等方法进行判断，且风险责任主体难以确定，这导致人们通常认为社会风险所带来的损害只是一般意义上的天灾，只是某一社会成员及其家庭自身的不幸，但事实上，这些单个社会成员遭受损害的背后还涉及更为广泛的社会秩序和社会安定问题。不同层次的风险与不同水平的需求形成结构性的社会保障制度体系，构成对风险的分担与制度性回应。在我国社会保障制度体系中，社会保险请求人通过缴纳保费获得保险给付应对特定社会风险的保障资格，注重事前预付保费和事后保险利益给付；社会救助则是通过审查申请救助人的经济状态，以"需求"为导向，对贫困人口基本生活的事后救济，强调救助给付无因性；社会福利则是给予全体社会成员的普惠性给付，着眼于改善社会成员的生活状况。这意味着如若一个人在社会生活中遭遇老年、疾病、死亡、伤残、失业及生育风险时，可通过缴纳的社会保险费，享受保险待遇给付以对抗风险；在遭遇低收入或无收入的贫困风险时，可通过社会救助获得国家救助给付维持生活；但当一个人遭遇非工伤性质的人身损害时，则无法在现有社会保障制度内获得损失救济。因此，在社会保障法视野下的社会补偿制度，建立在社会连带、国家责任的基础之上，以受害人的风险损害结果作为给付的基础；通过延续受害者基本生存维持与基本生活重建的思路应对各类风险事件造成的损害。这样的制度设计可以迅速为受害人提供风险损害救济，尽快协助受害人恢复生命健康安全与基本生活安定。社会补偿具有对受害人生命、身体、健康损害的救济功能，这一制度功能和法律定位能够与社会保险、社会救助、社会福利等制度形成多层次的社会保障制度安排，有助于补足特定风险损害的救济短板，避免受害人因突遭特定损害的不幸，无法维持生命健康及基本生活。在整个损害救济法律体系中，社会补偿能够形成对民事责任的担保，能够弥补国家赔偿和行政补偿制度的不足，能够填补社会保障制度的漏洞，从而更加全面地为各类风险损害的受害人提供一定的补偿救济。

（二）有助于丰富国家责任的主要内容

国家责任面临的新挑战为社会补偿的构建提供了现实需求；国家责任出现的新扩张为社会补偿的构建提供了理论基础。社会补偿制度建立在法定原因致害的事实之上，尽管风险的出现是小概率事件，但一旦发生，对受害人的严重损害是大概率事件。这种损害无法在传统的损害赔偿制度或其他社会保障制度中得到解决；如若将应由国家承担的责任直接转嫁为社会成员个体责任，将对受害人带来极大的不公平。因此，社会补偿制度的建构须研究国家在建立健全社会补偿制度中的义务内容，阐释在公民遭受生命、身体、健康等非财产损害中的国家保护义务。风险社会的风险具有独特属性，一是不可预测性。风险的发生具有极大的不确定性，现有科学的测算都无法对其进行预判，甚至也无法对其可能造成的损害后果和范围进行预测。二是不可归责性。风险发生的原因既可能包含自然因素，也可能包含人为因素；既可能包含客观要素，也可能包含主观要素；风险损害是由何种因素诱发一般无法准确推定，诱发风险的行为与风险损害后果之间的因果关系一般也无法准确进行判断。三是极大的破坏性。无论是战争受害者、犯罪被害人、药害受害人还是突发事件受害人等在遭受风险损害之后，都会对其生命、身体、健康、基本生活造成极大的破坏，甚至会蔓延至社会各个方面，导致短暂的社会停摆或社会失序。随着风险强度的加大，无论是社会成员中的强势群体，还是弱势群体，都有可能遭受损害，遭受损害的群体既包含直接损害的群体，也包含间接损害的群体，甚至会影响到全部社会群体。社会连带关系是社会成员之间具有的基本关系，风险导致某一社会成员遭受损失也是社会全体成员的损害，如若通过社会补偿制度填补某一社会成员遭受的损失，亦是对全体社会成员遭受损失的填补。预防风险损害是全体社会成员共同的责任，毕竟人人都想规避风险，国家提供的公共服

务要能够将每位公民收入国家为其编织的社会安全网之中。① 维护公共
利益应以公民基本权利保障为核心，核心范围以外的限制或限制范围、
强度、密度，得因国情、社会形态及个别情形有所不同。国家需要建立
积极责任，即当人民损害或损失发生的原因与行政行为无关时，由国家
主动予以填补损失的责任。《中华人民共和国宪法》第五条规定建设社
会主义法治国家，这构成我国法治国家的宪法依据，我国仍需要不断努
力通过行政干预的手段实现社会的实质公平和结果正义。

（三）有助于提供受害人损失填补的新路径

人类的发展历史就是不断对抗风险的历史，这些历史进程表明，不
同群体的保护要基于特定的社会结构，例如针对老年人、未成年人、残
疾人、穷苦人、事故受害者等不同社会成员群体，都有与之相对的保护
制度及保护方式；若是社会想要形成并维持稳定，就要在特定的社会条
件、社会资源和社会需求之间形成平衡。② 这种社会平衡包含了国家的
各种干预手段和政策，例如社会保障制度是国家再分配的调节手段，将
不同社会成员遭受的风险损害在全体社会成员之间进行移转，快速帮助
遭受损害的社会成员摆脱困境。基于社会保障的基本理念，承认不同的
社会成员在个人能力、自然禀赋、社会资源等要素之间的差异性是一项
重要前提，在前述基础之上，我们仍要致力于追求不同社会成员之间的
实质公平和结果正义这一目标。社会补偿通过为单个或特定受害人提供
补偿的方式，实现受害人基本生活的安全，纠正受害人所遭受的不公
平；这与社会保障制度以保障基本生活、实现社会正义、维护社会安全
的立法目的完全一致。③ 建立战争受害者补偿、疫苗预防接种补偿、突

---

① Violaine Roussel. *Changing Definitions of Risk and Responsibility in French Political Scandals*. Journal of Law and Society, vol. 29, no. 3, 2002, pp. 461 – 486.

② Michael Stolleis. *History of social law in Germany*, Springer Berlin Heidelberg, 2013, p. 242.

③ 林嘉等:《突发公共卫生事件社会补偿制度的构建》,载《中国人民大学学报》2020 年第5 期。

发事件受害者补偿、犯罪被害人补偿等的社会补偿制度意味着由社会共同体共同负担风险，构成应对意外风险损害的最后一项社会保障制度。受害人遭受的风险损害补偿不能只是社会道德上的怜悯或者是慈善上的救济，而应是依据特定法律制度，向特定机构主张获得社会补偿的权利，这要求受害人必须具备社会法上的补偿请求权，既包含实体法上的请求权，也包含程序法上的请求权。因此，社会补偿与其他社会保障制度一样，本质上都是社会安全的一种保护手段，是应对风险造成的人身损害的一种再分配方式。以我国社会补偿制度的构建问题为主要研究对象，能够对当下具有社会补偿属性的各项补偿制度进行整合，为我国引入社会补偿制度提供理论支撑，为我国建立社会补偿制度提供经验借鉴，为填补受害人损失提供更多的路径。

三、我国社会补偿制度构建的方法与思路

（一）我国社会补偿制度构建的研究方法

在研究方法上，本书一是运用规范分析方法，将作为法学研究对象的社会补偿制度纳入法学规范分析框架内，按照法律逻辑搭建社会补偿制度的内容与体系；二是运用价值分析方法，分析社会补偿制度追求实质正义的法律价值和追求社会安全的现实价值，并在该法律价值指导下构建社会补偿制度内容；三是运用历史分析方法和比较分析方法，梳理我国社会补偿制度的发展演变历程，对比借鉴国际上主要国家或地区社会补偿基础理论发展经验，探寻我国社会补偿制度构建的路径；四是运用案例分析方法，主要是对社会补偿案例进行分析，讨论受害人补偿制度的法律适用规则，服务于我国社会补偿具体制度内容的构建；五是运用系统研究方法，关注社会补偿制度内各项法律规则要素的协调，强调社会补偿制度的内在逻辑自洽；注重社会补偿制度与社会保障制度、其他类型的损害赔偿制度的关系，实现社会补偿制度体系的包容开放。

1. 规范分析方法

规范分析方法对社会补偿涉及的法律问题研究具有重要意义。社会补偿制度中的具体法律问题是从法律规定、制度运行中归纳和引申出来的，是一个国家社会补偿法律制度发展的经验积累，凝聚了一定的法律文化和法律技术。在法律制定层面，具体梳理我国与社会补偿制度相关的法律制度、体系内容，阐释社会补偿与其他社会保障制度的关系，构建社会补偿制度的正当性、必要性；在法律解释方面，运用各类法律解释方法，理顺社会补偿与其他损害赔偿补偿制度的关系，厘清社会补偿制度在法律实践中的适用规则，建构符合我国补偿制度实际需要的补偿认定规则；在法律制度建构方面，运用规范分析方法，以现有的规范为根据，严格按照法律进行解释和推理，运用法律思维和法律逻辑建构符合我国现有社会保障法律规范体系的社会补偿制度内容。

2. 价值分析方法

法学研究中的价值分析方法是从应然层面阐释"法是什么"，评价法律的基本目的和价值。法学中价值分析的核心应以法律的价值为指引，从"应然""实然"两个层面研究需求，揭示人与法律之间的对应关系，实现公平正义等法律价值目标。社会补偿法是追求实质公平正义的法律，通过法律的强制干预倾斜保护社会中的弱势群体。因此，在对社会补偿基础理论及体系构建的过程中，也需要运用价值分析方法，揭示社会补偿保护的法律价值与现实意义。首先，要阐释社会补偿研究的必然性与重要性。通过阐释社会补偿的产生、发展及其理论基础，分析社会补偿制度的功能和价值，明确社会补偿保护的法益，形成社会补偿制度的法律价值认知。其次，对社会补偿进行实然层面的研究。社会补偿基础理论的研究和建构依赖于我国社会发展、经济发展和法律发展的程度，不同的发展阶段对社会补偿的理论体系都有不同的要求，这需要结合我国社会实践中的法律问题形成对社会补偿制度内容的建构。最后，对社会补偿进行应然层面的研究，根据我国社会补偿的基本内涵与范畴、功能与价值、基本原则与具体规则等内容，解释社会法的价值取向、价值目标以及保护的基本法益，为社会补偿的实践提供理论指导。

3. 历史分析方法

历史分析方法是以我国现行与社会补偿相关的法律制度的历史发展为研究对象，主要通过在历史文献资料中寻找相关材料，在特定历史阶段分析与社会补偿制度相关的制度所呈现的法律发展样态，在纵向的历史发展中展现我国社会补偿制度发展的一般规律。任何一个概念在特定社会中的形成都有一个复杂的过程，特别是社会在接受这个概念的过程中也赋予了这个概念特定的历史内涵，而且这个概念一旦形成，就对这个社会的人产生规范作用，社会补偿概念也是如此，具有极强的历史性。历史分析方法主要着眼于三个方面，一是研究社会补偿理论的演变，总结不同理论对社会补偿产生发展的历史影响；二是在整个社会保障制度的历史发展中探寻与社会补偿制度相关的法律要素，确定社会补偿在社会保障法中的基本范畴与制度内容；三是研究与社会补偿相关的各项具体制度的产生、演变以及历史发展的背景，分析社会补偿产生的必要性和合理性，延续"实践问题—理论研究—规范分析—制度构建"的思路展开我国社会补偿制度的研究。

4. 比较分析方法

比较分析方法是世界各国法律互动的重要方法，对先进国家社会补偿制度的介绍和分析，是学习和借鉴域外先进经验的重要方法，有助于推动我国社会法律制度的建立和完善。如以德国为代表的社会补偿制度主要包含战争受害者补偿、暴力犯罪被害人补偿、疫苗预防接种损害补偿、药害补偿等类型。通过对比不同国家、地区社会补偿的发展背景、理论思想、法律概念与范畴、制度体系与规范内容及法律运行之间的差异，有助于全面研究我国社会补偿制度的建构，分析我国社会补偿制度可能包含的具体类型以及发展面临的挑战与机遇。我们可以借鉴不同国家、地区社会补偿制度发展的先进经验，探索我国社会补偿本土化转变的路径。

5. 案例分析方法

社会补偿制度目前在我国尚没有一个准确的法律概念，更没有一套健全的法律理论，但是在法律实践中并不意味着没有具体的受害人补偿案例和受害人补偿需求，毕竟在民事侵权领域、国家赔偿与行政补偿领域，因损害而产生的受害人赔偿补偿案件是大量存在的。通过对诸多现实司法案例进行法律分析，可以准确理解受害人补偿的案件事实，理顺不同法律关系主体之间的权利内容、义务内容，有助于区分社会补偿与其他赔偿损害补偿制度的关系，有助于探索社会补偿制度在适用中的规则内容，尤其是有助于建立与完善社会补偿给付规则，将受害人社会补偿权通过国家给付的方式得以落实。

6. 系统研究方法

系统研究方法既关注研究对象系统的整体性，因为该体系内各项具体要素之间具有统一性和一致性，又关注作为整体系统内部的各项具体要素，如从关联性的角度关注不同要素之间的相互关系。一方面，社会补偿制度内部体系也要注重内部法律规则要素的协调，实现社会补偿制度的内在逻辑自洽；另一方面，社会保障法领域下的社会补偿制度不是与其他损害赔偿制度完全割裂的制度，而是具有民事责任的担保功能，具有社会保障制度漏洞填补的功能，能避免国家赔偿与行政补偿的盲区；构建社会补偿体系化需要妥善处理社会补偿请求权与其他侵权损害赔偿补偿请求权之间的竞合问题，要处理好社会补偿外部体系的关系，实现外在体系的包容。

（二）我国社会补偿制度构建的主要思路

本书以国家责任为视角，坚持围绕我国社会补偿制度的构建展开，以社会补偿相关法律制度在我国实践中面临的问题为导向，遵循"实践问题——理论研究—规范分析—制度构建"的路径展开探究。

　　本书从问题角度出发，对建立以国家责任为中心的社会补偿制度的现实需求展开研究。通过阐释风险社会背景下我国侵权损害赔偿制度、国家赔偿制度与行政补偿制度、社会保障制度在预防风险、救济风险损害中面临的不足和局限，分析我国损害救济制度和社会保障制度中存在的不足和漏洞，表明我国建立社会补偿制度的紧迫性。通过分析风险社会中风险损害的特性，阐述风险损害对国家责任提出的新问题，即国家责任需要在风险损害救济中进行扩张，以安全保护义务为中心展开。本书认为社会补偿是国家安全保障的一项义务，风险损害通过社会补偿的式分担既是预防与分散风险的需要，是补偿与救济损害的需要，也是补充与完善损害救济制度的需要。

　　本书在制度基础层面，对社会补偿制度的法理基础展开研究。通过阐释社会补偿的法律内涵和特征，分析社会补偿在利益结构、价值取向、法律关系、调整模式方面所具有的社会法属性。通过论述社会补偿的正当性，探寻社会补偿在基本理论层面和宪法层面的依据。通过分析社会补偿在整个损害赔偿救济制度中的定位，界定清楚社会补偿与侵权损害赔偿制度、国家赔偿、行政补偿制度的关系，厘清社会补偿与其他社会保障制度之间的关系，以此阐释社会补偿作为一项社会保障制度的独立性。通过研究社会补偿制度的发展历史与变迁，阐释社会补偿独立发展的必然性，为我国具体社会补偿制度的构建提供参考。

　　本书在国家责任层面，对社会补偿中国家责任的释义和界分展开研究，即国家需要在何种情况下以何种形式，承担何种责任。主要内容包括研究社会补偿中国家责任的发展，阐释国家责任是一种国家保护义务；借助（国家义务—公民权利）的结构，分析国家责任内涵，提出社会补偿中的国家责任的应有之义，即尊重、保护、实现的三个层面的国家保护义务；阐述社会补偿制度下国家责任应以社会连带与安全保护义务作为基础确立责任标准，应以个人责任与协力辅助原则作为基础确定责任的负担范围。

　　本书在制度给付方面，对社会补偿中国家给付的实现问题展开分析。重点研究社会补偿给付的实现方式，即社会补偿法律关系主体权利的确定，包含社会补偿对象的社会补偿请求权，也包含给付主体的不当得利返还请求权与追偿权；研究社会补偿给付实现的手段，即在社会补偿法律关系中，国家应该以何种方式、何种标准提供社会补偿给付，履行社会补偿给付义务；研究社会补偿给付的资金保障，即建立社会补偿基金，分析社会补偿基金的性质、筹集与监管，为社会补偿给付提供有力的财务资金支持。

　　本书在制度建构方面，重点阐释了我国社会补偿制度建立的思路和具体类型。就社会补偿建构的基本思路而言，一是在社会补偿制度的立法模式方面，需要兼顾长期和中短期立法模式的考量，提出我国现阶段可考虑采取分散立法与附属立法相结合的立法模式，分类型、分阶段逐步建立我国社会补偿制度体系；二是在社会补偿制度的类型划分标准方面，需要围绕社会补偿的有因性展开，以损害的发生原因作为划分的标准。就我国社会补偿制度的类型体系而言，主要包括：基于特别牺牲所生的补偿制度，主要包含军人优抚补偿制度、失独家庭补偿制度；基于社会连带所生的补偿制度，主要包含犯罪受害人补偿制度、药害补偿制度、疾病预防损害补偿制度、高空抛物坠物补偿制度；基于突发公共事件所生损害的补偿制度，主要包含突发公共卫生事件受害人补偿制度、其他社会安全事件受害人补偿制度；基于公共利益保护所生损害的补偿制度，主要包含志愿服务受害补偿制度、见义勇为受害补偿制度。

以国家责任为中心的
社会补偿之现实需求

一、风险社会背景下我国损害救济制度面临的新挑战

（一）传统国家责任在解决公民损失救济中的局限性

当下我国国家赔偿法体系比较完善，而国家补偿①则主要以行政补偿为主，并分散于各项法律规范之中。根据补偿发生的原因不同，国家补偿可包含合法侵害行为补偿，该补偿是指行政主体的合法行为造成的损害补偿，常见于公共征收补偿，例如为了特定公共利益的需要，国家对个人或单位的财产进行征用，若在征用过程中造成其财产损失的，应给予补偿；也可以包含公法上无因管理补偿，一般包含行政协助补偿和见义勇为补偿，例如对于公民协助人民警察执行职务的行为而给予的表彰和奖励，② 这种类型的补偿也可以被称为非征收类补偿，但是此种类型的补偿仍然停留在抚慰性标准阶段。③ 尽管我国行政补偿制度、国家赔偿制度不断丰富和扩张，但是仍存在着这两项制度无法完全覆盖的损失补偿情况，最主要的表现就是在无违法或合法行政行为时，对基于公益牺牲或者其他特定事由所导致的损害，不局限于财产权的损害，越来越多地涉及生命、身体、健康等人身权益的损害。这主要包括失独家庭的补偿问题；刑事犯罪被害人事件中，犯罪人无力补偿受害人时，受害人的补偿问题；高空抛物致人损害事件中，无法找到侵权人或者侵权人无力承担损害后果时，受害人的补偿问题；突发事件中受害人的补偿以及疾病预防事件中导致的生命健康损害的补偿问题等。

---

① 最初我国的国家补偿一般是指行政补偿，随着社会的发展，逐渐将立法行为、司法行为纳入国家补偿体系，因而，国家补偿包括行政补偿、立法补偿、司法补偿等类型。但是从国家补偿的理论和实践来看，国家补偿的概念仍以行政补偿为主。本节此处的国家补偿之内涵也以行政补偿为主。

② 《中华人民共和国人民警察法》第三十四条规定：对协助人民警察执行职务有显著成绩的，给予表彰和奖励。公民和组织因协助人民警察执行职务，造成人身伤亡或者财产损失的，应当按照国家有关规定给予抚恤或者补偿。

③ 应松年主编：《行政法与行政诉讼法学》，高等教育出版社 2017 年版，第 314 页。

　　以失独家庭的补偿问题为例，为了缓解独生子女伤残死亡家庭的实际困难，自 2007 年起，独生子女伤残死亡家庭扶助制度在全国范围内展开试点，自此，我国逐步建立健全失独家庭补偿制度。尽管这些阶段性的扶助政策有利于维持、照顾独生子女伤残死亡家庭的基本生活，但在解决失独家庭生活问题的效果方面，现行的扶助补偿标准仍然与实际所需的补偿救济标准存在较大的差距。现行的失独家庭扶助政策主要存在以下问题：一是这些扶助政策大多以通知、方案的形式颁布，立法层次较低；二是救助帮扶标准较低，各地区帮扶政策呈现极大的碎片化，帮扶政策的权利义务内容不明确；三是缺少体系化、标准化、准确性的失独家庭补偿法律内容；而这些现实补偿问题无法在现有的行政补偿和国家赔偿制度中加以解决。

　　回归国家责任制度的法理，当下无论是国家赔偿制度还是行政补偿制度，本质上都是国家侵权赔偿责任建构起来的，均延续民事侵权损害赔偿制度的逻辑。在具体认定条件中，首先，强调行为要件，即某一合法或违法的侵权行政行为作为补偿或赔偿请求权的基础；其次，强调因果关系要件，即侵权损害行为与损害后果之间的成立法定关系；再次，强调法益侵害要件，即要造成权益或权益以外利益损害的结果；最后，一般以司法诉讼的方式获得权益救济。这些要件导致建立在矫正正义基础上的传统国家责任制度，在应对风险事故所导致的大规模生命健康损害及社会的被迫停摆中存在诸多短板：一是由于风险的独特属性，社会中某些风险损害的发生缺少明确的侵权行为，更无法判断故意或过失的归责事由，国家行为与损失结果之间是一种间接性关系，比如刑事犯罪被害人的补偿事件中，国家对于被害人以及遗属的保护是一种间接的安全保障责任；国家需要对暴力行为产生的风险进行填补和规制。二是在各类风险事件损害中，难以认定侵权行为与损害结果之间的因果关系，比如突发传染病中，传染源是非常难确定的，无法确定传染源也就无法查明侵权行为，甚至有些传染源本就是来自大自然，在此种情况下，就不存在可以预见的侵权行为主体，更无从判断因果关系的成立。三是受害人在风险事件中造成的人身损害不依赖于司法诉讼救济途径。无论是暴力行为受害人、突发事件受害人还是其他基于特别牺牲导致的损害，通常都是对人民生命健康、基本生活的损害，对于生命健康的抢救是非常紧急的，对受害人基本生活的维持也是比较紧迫的，一旦需要通过长期诉讼获得损害赔偿，很可能会使被害人错过最佳的治疗、恢复的时间。在社会补偿领域中，因特定社会风险事件给受害人造成的人身利益损失，不同于其他侵害行为导致的人身财产损害。如果受害人无法在传统侵权损害赔偿制度中获得基本生存的照顾和救济，那么受害人自己及其家庭将会陷入基本生活的困境。

（二）侵权损害赔偿制度在补偿公民损失中的困境

矫正正义是侵权法正当性的理论基础之一，建立在矫正正义基础之上的侵权损害赔偿更加注重法律自治和个人责任。但当现代社会与科学技术的发展极大地改善人们物质生活条件之时，事故风险也带来了源源不断的损害；对受害人损害救济的不充分，仍然引发了我们对侵权法正义价值的诘难。

以高空抛物、坠物的民事损害赔偿为例，我国《中华人民共和国民法典》第一千二百五十四条第一款①是对原《中华人民共和国侵权责任法》第八十七条的修改与完善，尽管规定补偿责任由"可能加害的建筑物使用人"承担，将有助于使受害人获得损害赔偿，但这种建立在"加害人—受害人"二元责任模式上的损害赔偿规则对填补受害人损害中存在诸多现实困难：一是在能够查明侵权人的案件中，高空抛物、坠物的受害人的人身损害补偿受制于侵权行为人的赔偿能力，如果

---

① 《中华人民共和国民法典》第一千二百五十四条第一款规定：禁止从建筑物中抛掷物品。从建筑物中抛掷物品或者从建筑物上坠落的物品造成他人损害的，由侵权人依法承担侵权责任；经调查难以确定具体侵权人的，除能够证明自己不是侵权人的外，由可能加害的建筑物使用人给予补偿。可能加害的建筑物使用人补偿后，有权向侵权人追偿。

侵权人没有赔偿能力，则损害后果只能由受害人自己负担，这种情况下受害人的生命、身体、健康权益损害如何保障？二是在无法查明侵权人的案件中，受害人通过诉讼方式获得救济的方式极为繁杂和冗长，如受害人举证难度比较大；公安调查与司法诉讼的周期比较长；诉讼结果具有极大不确定性等。在受害人遭受严重人身损害的情况下，受害人及其家属的第一诉求必然是医疗救治，如果受害人无法获得快速有效的损害救济，很可能会因为自己无力负担医疗救治费用，而降低救治水平，甚至放弃治疗，家庭生活深陷贫困。三是尽管《民法典》第一千二百五十四条基于公平原则，扩大了补偿主体范围，有利于受害人获得损害救济，但存在是否过度适用公平责任的问题。按照公平责任基本原理规定，在受害人对损害无过错，且行为人对损害也无过错的情况下，按照法律的规定，损失由受害人和行为人双方进行分担。公平责任不是一种归责原则，而是一种责任形态，是承担侵权损害赔偿责任的分担规则。公平责任的适用必须有法律的明确规定。但是在侵权主体方面，对于无法确定责任主体的高空抛物、坠物的案件，加害人本身是不确定的，责任主体的边界是模糊的、难以证明的。在侵权行为方面，高空抛物、坠物可能来自建筑物自身，也可能来自其他人，对于"可能加害的建筑物使用人"的排除举证是非常困难的，甚至"可能加害的建筑物使用人"中根本没有加害人，或者高空抛物、坠物事件本身就是意外事件。在因果关系方面，可能加害的建筑物使用人是否存在加害行为，是通过"推定"进行判断的，此时，由可能加害的建筑物使用人承担没有因果关系的损害后果，是不符合侵权法责任承担的逻辑的。在不确认责任主体、不确定损害行为的条件下，直接适用公平责任是否公平？贸然让"可能加害的建筑物使用人"全部承担损害赔偿责任会产生新的不平等。这种责任判定既突破了现有侵权责任法律规则体系，也影响了受害人权利救济的现实需求。

回归侵权损害赔偿制度的具体规则和构成要件，该制度在填补受害人损失救济中存在的困境主要包括：一是严格以过错责任作为归责基础使得大规模损害中的受害人无法获得救济。过错的辐射范围不仅仅包括"第一次损害"，而且包括所有"结果损害"，即使加害人无法预见或者无法避免此种结果损害，但只要结果损害源自过错造成的直接损害，则加害人仍然必须负担过错赔偿责任。① 但是现代社会的风险事故的发生本身就无法认定过错，以至于遭受风险损害、引发人身伤亡后果以后，很难从侵权法制度中获得相应的损失救济。当下无过失责任的出现，一方面打破了传统侵权法的体系架构，逐步掏空了过错责任；另一方面也只是包含特定的损害类型以及特定的人身损害，暂时还无法像过错责任一样形成独立、体系的归责内容，因而无法完全依靠无过错责任的扩张去解决风险事故导致的损害救济问题。二是因果关系认定困难。无论是过错责任、过错推定责任还是无过错责任规则，在判定侵权损害赔偿时，都强调侵权行为与损害结果之间的因果关系认定，但是现代社会越来越多的事故无法进行因果关系的认定。一旦无法认定因果关系，受害人的损害救济将会落空。三是损害赔偿局限于个人赔偿能力。侵权制度中形成受害人、加害人两类主体，受害人所受损害的赔偿要取决于加害人自身的赔偿能力，一旦加害人无能力负担赔偿责任，受害人的损害赔偿诉求将落空，这意味着损失后果要么由加害人承担，要么只能由受害人自己负担。例如《中华人民共和国民法典》第一百八十三条②是对见义勇为者遭受损害的补偿规定，但是若见义勇为者遭受重伤或死亡的严重后果，则侵权人、受益人的补偿无法满足受害人。四是受害人权利救济成本较高。侵权损害赔偿以侵权责任的成立为前提，侵权责任的认定以及侵权损害赔偿诉讼制度的设计更为关注加害人的侵权责任，而不是

① ［奥］海尔姆特·库齐奥：《侵权责任法的基本问题（第一卷）：德语国家的视角》，朱岩译，北京大学出版社 2017 年版，第 203 页。

② 《中华人民共和国民法典》第一百八十三条规定：因保护他人民事权益使自己受到损害的，由侵权人承担民事责任，受益人可以给予适当补偿。没有侵权人、侵权人逃逸或者无力承担民事责任，受害人请求补偿的，受益人应当给予适当补偿。

受害人的损害填补，更不是受害人损害填补的多与少。一旦进入诉讼程序，对于侵权行为与损害后果因果关系的认定较为复杂、周期较长，诉讼的时间成本提高，无法快速满足损害补偿的需求，尤其是在关乎生命、健康损害的事件中，受害人可能会因为无法及时获得补偿，错过生命健康救治的最佳时间，甚至受害人因为高额的救治费用，陷入家庭生活的困境。

事实上，侵权法具有社会补偿制度功能出现，在很大程度上是一种巧合。正如有学者偏向于将某些补偿的请求权从侵权法中移除，而不是强化侵权行为法的补偿能力。将补偿作为侵权行为法的主要目标，使侵权行为法完全转变为一个公法范畴，鼓励责任保险的剧增，将会削弱个案中的矫正正义目标的实现。在综合的、无所不包的补偿制度中，矫正正义会大量丧失，鼓励决策者考虑风险承受者的类型，而非关注具体诉讼当事人的公平主张，[1] 这意味着矫正正义所主张的补偿将无法在侵权行为法中继续占据主导地位。此外，侵权法的发展受到私法公法化、公法私法化的"夹击"，逐渐将制度焦点从加害行为人转为受害人，尝试通过扩大自己的范畴，来实现维护社会安全和社会公平的目的。侵权法的这种功能扩张和规则调整正在扭曲着传统矫正正义建立起来的制度模型。

（三）社会保障制度在应对公民损失救济中的不足

在我国多层次、体系化的社会保障法体系中，社会救助、社会福利、社会保险三类制度所应对的社会风险不同，适用的对象、范围以及保障水平各有所不同。但在现行社会保障制度中，预防、应对、分担特定风险事件所导致的人身损害的救济制度仍存在短板。一方面，由于遭遇风险事故损害的主体具有偶然性、普遍性，例如在突发公共卫生事件

---

① ［美］G. 爱德华·怀特：《美国侵权行为法：一部知识史》，王晓明、李宇译，北京大学出版社 2014 年版，第 252 页。

中很可能波及社会中的很多成员，并不局限于被保险人或者贫困人员的主体范围；另一方面，风险损害的后果也不局限于社会保险、社会救助的适用范畴。当公民遭遇风险事件损害，既无法获得社会保险、社会救助救济，又无法找到侵权行为主体，或者侵权行为主体无赔偿能力时，则无法在现有的社会保障体系内获得相应的损失救济，严重的也无法获得基本生活的保障，以至于很多家庭会因为遭受损害而深陷贫困。例如一个人因为遭受意外事故损害，如果没有缴纳基本医疗保险，则无法享受医疗保险待遇，风险导致的生命健康损害后果只能由自己负担；如果意外事故导致的损害不构成工伤，则也无法通过工伤保险获得救济；如果这个人因为风险损害导致短时间内劳动能力急剧下降，甚至丧失劳动能力，长期无法通过劳动获得收入，尽管可以通过养老保险制度维持生计，但是只有在达到法定退休年龄的公民连续缴费 15 年之时，才可领取养老保险金；领取的数额也和缴费基数与年限有关，于是就产生了风险事故对人民生命健康导致损害的盲区。

在突发公共卫生事件导致的健康损害中，《中华人民共和国传染病防治法》第十六条①对医疗救治做出规定，由于缺少明确的救治标准、救助方式以及救助费用分担等内容，一般由国家给予道义性救治。《中华人民共和国传染病防治法》第六十二条②仅仅包含对困难人群的医疗救助，至于非困难人群的医疗救助则不在此范围内。在新冠疫情防控期间，国家通过临时调整医保支付的范围，对确诊患者、疑似患者发生的医疗费用，实行免费医疗救治。尽管该临时性的医疗补助措施在保证患者及时获得医疗救治方面发挥了重要作用，但这属于现有医疗保险、医疗救助制度的临时扩张和政策性调整。以社会保险补贴突发公共卫生政策支出，将突破现有社会保险请求权的主体范围，超越原有社保基金支

---

① 《中华人民共和国传染病防治法》第十六条规定：国家和社会应当关心、帮助传染病病人、病原携带者和疑似传染病病人，使其得到及时救治。

② 《中华人民共和国传染病防治法》第六十二条规定：国家对患有特定传染病的困难人群实行医疗救助，减免医疗费用。

付的范畴，影响现有社会保障制度的安定性与规范性，影响现有社会保障基金的抗风险能力与支付的可持续性。[①]

此外，纵观我国犯罪被害人的补偿制度发展发现，尽管司法救助制度在实践中赋予了国家替代补偿的责任，发挥了临时救助补偿的功能，但二者是并非完全一致的两项制度。因为我国被害人救助制度并未沿着其他国家被害人补偿制度的方向推进，而是出现了司法救助制度建构的转向。[②] 司法救助最早源自民事诉讼中与诉讼费用相关的概念，并首次在 1999 年 7 月，最高人民法院颁布的《〈人民法院诉讼收费办法〉补充规定》[③] 中使用。2000 年 7 月，最高人民法院发布《关于对经济确有困难的当事人提供司法救助的规定》，[④] 这是正式对司法救助赋予诉讼法上救助的含义，促使司法救助逐渐开始具体化。早期的司法救助仍然归于诉权保障的目的。尽管司法救助名为救助，但实际上具有社会补偿的性质，和社会救助存在较大差别。犯罪被害人补偿制度是对犯罪受害人及其家属为补偿对象，以遭受犯罪行为损害为事实，基于法定给付而获得的物质补偿，这有异于减、缓、免诉讼费或代理费等法律援助。[⑤] 此外，由于当下司法救助面临缺少统一立法，基本概念界定不清晰，救助范围不明确，救助标准模糊，基金经费保障不足等问题，我们亦不能轻易

---

① 林嘉等：《突发公共卫生事件社会补偿制度的构建》，载《中国人民大学学报》2020 年第 5 期。

② 赵国玲等：《司法救助及其中国模式——以〈关于建立完善国家司法救助制度的意见（试行）〉展开》，载《政法论丛》2014 年第 5 期。

③ 《〈人民法院诉讼收费办法〉补充规定》第四条规定：有下列五种情况之一者，人民法院应当进行司法救助，根据案件具体情况决定当事人缓交、减交或者免交诉讼费用。一是当事人为社会公共福利事业单位的；二是当事人是没有固定生活来源的残疾人的；三是当事人因自然灾害或其他不可抗力造成生活困难，正在接受国家救济或生产经营难以为继的；四是当事人根据有关规定正在接受法律援助的；五是人民法院认为其他应当进行司法救助的。

④ 《〈人民法院诉讼收费办法〉补充规定》第二条规定：司法救助是指人民法院对于当事人为维护自己的合法权益，向人民法院提起民事、行政诉讼，但经济确有困难的，实行诉讼费用的缓交、减交、免交。

⑤ 陈彬：《由救助走向补偿——论刑事被害人救济路径的选择》，载《中国法学》2009 年第 2 期。

将犯罪被害人补偿与诉权保护相互混合，更不能将犯罪受害人保护与一般社会救助混杂。

二、风险损害对传统国家责任提出的新问题

(一) 风险社会与风险损害的特性

1. 风险的基本概念

人类的发展历史也可以看作风险对抗的历史，人类始终与风险为伴，始终与风险抗争。从语义层面看，中文表达的"风险"一般是指可能发生的危险。① 英文表达的"risk"出自法文"risque"，本意是指船在危险中航行。而意大利文"risicare"则是法文"risque"的源头，具有胆敢的含义，它的动词含义根植于人所具有的冒险本性之中。② 在英、美、法文中，"risk"一是指伤害、损害或损失发生的不确定性，危险；二是指伤害、损害或损失发生后的相应责任；三是保险单中保险标的发生承保风险的可能性；四是保险人视之为风险的人或物；五是保险对象；六是承保风险的类型。③ 可见，最早的风险是与保险概念联系在一起的。"风险"是属于在17世纪被创造出来的词汇，源自西班牙商船所采用的一种航海术语，其含义是指在未知的海域之中，存在的不确定性；也指在航行过程中，遭遇到危险的可能性。④ 伴随着人类文明的发展变迁，"风险"一词的内涵早已发生改变。风险社会中的"风险"不局限于传统的航海危险，也不局限于自然界中的危险，其属于现代词汇，具有现代属性。风险社会中的风险是以系统的方式应对由现代化自身引发的危险和不安，是现代化的威胁力量和令人怀疑的全球化

---

① 中国社会科学院语言研究所词典编辑室编：《现代汉语词典》（第 7 版），商务印书馆 2016 年版，第 391 页。

② 李香民：《风险社会与我国法律观念的变革》，吉林大学法学院 2012 年博士学位论文。

③ 薛波主编：《元照英美法词典（缩印版）》，北京大学出版社 2016 年版，第 1206 页。

④ ［英］安东尼·吉登斯：《失控的世界》，周红云译，江西人民出版社 2001 年版，第 18 页。

所引发的后果，在政治上具有自反性。① 就风险和危险的区别而言，对于危险，法律秩序不容许其存在，政府有干预的义务，而对于风险，政府可以干预，但这种干预是相对的，必须考虑干预技术是否有可行性，干预手段与所欲达到的目的之间的衡量是否合乎比例原则的要求。② 因而，在损害可归责于决定者自身时是"风险"的问题，而损害与决定者自身的决定无关时则是"危险"的问题。③ 风险社会理论下对风险概念的阐述表明现代社会的风险特征，成为现代国家风险干预、风险规制的正当性基础，对于相关法律制度的构建具有重要作用。

本书讨论的社会法视野下的风险，是可能对人身健康造成损害，并且通过相关手段可以减弱发生可能性的风险；一般生活中出现的"威胁""危险"等不在此范围内。因此，风险的界定需要具备两个要素：一是损失结果的可能性。现在法律制度体系中，风险的发生与损害的结果密切相关，一旦出现侵权损害行为，产生损害或损失结果，就会出现损害赔偿或损失补偿的法律后果。对于风险也一样，一旦风险产生损失结果，那么风险的不确定性就转化为损失事实的确定性。如果没有产生损失结果，那么风险只是一种潜在的威胁。二是因果关系的确定性。即某些风险要素与损失结果之间具有因果关系，这种因果关系可以是直接的，也可以是间接的。

2. 风险损害的属性

风险社会中的风险是一种社会过程，风险的属性包含了特定的社会、政治、经济制度和结构。这样的风险概念包含着一种考虑，即把单个事件算作社会事件，而后力图用一些制度化的原则去使它处于可控制状态。④ 风险社会的风险具有以下属性：

---

① 参见［德］乌尔里希·贝克：《风险社会》，何博闻译，译林出版社2004年版，第7页。

② 沈岿：《风险规制与行政法新发展》，法律出版社2013年版，第243页。

③ 王贵松：《风险社会与作为学习过程的法》，载《交大法学》2013年第4期。

④ ［德］尼可拉斯·卢曼：《熟悉、信赖、信任：问题与替代选择》，陈心想译，载郑也夫主编：《信任：合作关系的建立与破坏》，中国城市出版社2003年版，第121页。

一是风险的现代性。风险来源于现代社会生产力的发展，来源于工业化的推进，与各项人类活动和人类决策密切相关，具有极强的人为性。例如，在战争中，科学技术的变革使得现在战争更为残酷，给军人带来的伤残死亡更加严重，甚至对国家安全、人民生活造成更大的损害。包括核武器的发明使得人类陷入更大的威胁。

二是风险的不可预测性。风险是由当代社会政治、社会、经济、社会发展内生而来，风险的发生具有不确定性，无法通过科学的概率计算、预期监控等方法进行预测，亦无法通过其他手段感知。甚至在风险发生后，风险的损害后果也无法精准预测可能给国家、人民带来的生命、健康以及财产等损失的程度和范围。风险的不可预测性使得风险的存在既是非真实的，也是真实的。风险如果还未发生，那么它的存在就是潜在的，是非真实的；风险一旦发生，那么风险的大规模破坏性就是现实的。因而，风险对现实的支配不是过去，而是未来。

三是风险的不可归责性。风险事件发生的原因较为复杂，很多情况下都是由于自然因素和人为因素的混合所致，无法准确判断是否由特定行为人的故意或过失的行为所引发，亦无法判断风险行为责任主体与人民损失之间的因果关系，无法对人民生命、健康、生活维持造成的损害进行量化，甚至有些健康损害呈现时间上的延续性。

四是破坏的系统性。在上述风险事故中，风险会伴随着人口流动、经济互通，跨越时间、空间的限制，突破区域、种群的限制，不再是局限于某一个国家、某一个人群、某一个行业，这样的系统性破坏会诱发各种社会不安定因素，导致社会矛盾呈现几何式的放大，引发更大范围的社会关注及公众担忧。在破坏后果方面，这些风险会给无数人民的生命健康及基本生活带来严重损害，甚至会蔓延至社会、政治、经济、生态的各个方面，导致短暂的社会混乱与失序，诱发社会各个方面系统性的破坏。因而，受害人是平等且普遍的，无论是强势群体还是弱势群体的社会成员都有可能遭遇损害，既包含直接遭遇损害的人，又涵盖间接影响的其他人，甚至波及全球。

（二）传统国家责任在风险损害中面临的新问题

传统意义上的国家责任以违法为前提，强调公权力主体承担的侵权责任，与民事责任具有一致性。而扩张意义上的"国家责任"能够容纳国家给付行为，反映着国家对自身干预能力和能动性程度的定位，它天然地亲和于"政策实施"功能。无论是公权力违法行为引起的损害赔偿，还是公权力合法行为引起的损失补偿，乃至与公权力行为完全无关的福利保障，均属之。① 因此本书中的国家责任概念对应着国家安全保护义务，并非局限于国家违法行为基础上的侵权责任。

国家责任伴随着社会的发展不断调整，国家责任经历了从"国家豁免"到"国家过错责任"的发展历程，而后经历从"国家过错责任"到"国家无过错责任"的发展历程，而后又经历了"国家补偿责任和国家赔偿责任相分离"的发展历程。风险社会的到来更进一步改变了传统国家责任的归责基础，扩大了国家责任的保障范围，形成更加多元的损害救济机制。国家责任在应对社会风险造成损害的规制方面面临新的挑战。

建立在个人责任基础上的风险规制无法实现共同体安全。风险在现代社会中具有双重性，既包含消极的潜在损害，也包含积极的新生机会。从消极层面来讲，风险在社会中的高频出现，不断使得社会安全走向丧失，社会矛盾与社会分化加倍扩大，尽管风险的发生是小概率事件，但一旦风险爆发则会使人类社会面临极大的损失。从积极层面来讲，风险是可预见损害向未来的延展，与人的决策相关，反映了风险对未来调控规范的可能性，这意味着风险对现实的支配不是过去，而是未来。于是，人民可以选择规避风险，也可以选择利用风险创造机会，在

---

① 蒋成旭：《国家赔偿的制度逻辑与本土构造》，载《法制与社会发展》2019 年第 1 期。

风险分担过程中获利。风险的双重性导致新的风险对立在风险界定的生产者和消费者之间形成，[①] 我们是选择清除风险还是买卖风险，是选择生产风险的界定还是消费风险的界定，将会直接决定法律制度对待风险的态度。主张消费风险积极属性的群体强调风险的个人自治，认为人们有权利选择是否承担风险，有权利选择是否从风险中获利，追求个人利益的最大化。[②] 由于风险和获益相伴，这种对风险的调节更多是依靠市场，并非依赖于国家干预，这意味着风险应该由个体承担。例如，在工伤保险领域，对早期劳工生产安全的规制就遭到雇主群体的反对，雇主认为工伤事故风险是工作的附属，劳工在工作的过程中是可以预防的，雇主只承担过错侵权损害赔偿责任。在早期的法律制度体系中，风险并不是一个重要的概念，与法律所维护的安全关系比较紧密的是"危险"这一表达，例如刑法上的危险犯，民法上的共同危险行为。随着社会保障制度的兴起和发展，风险的预防与分担开始进入国家安全的视野。但在现有的法律制度体系中，民法、刑法基于个人责任建立的损害赔偿规则仍占据主导地位，强调通过责任主体负担风险损害的后果来实现社会安全，即使行政法领域中的国家赔偿制度、国家补偿制度也是延续该逻辑。

首先，为合理应对社会风险的挑战，刑法在立法上与司法解释上的犯罪化扩张趋势明显。[③] 这些变化是刑法对风险的回应，但是也导致古典刑法所固守的谦抑性不断被突破，刑法体系的安定性、科学性、正义性、罪刑法定原则等不断被冲击。刑法既要保障自由，又要限制自由权。一旦刑法进行处罚后，犯罪的影响不仅涉及短暂的安全维持，也会因为犯罪对罪犯自身的持续性负面影响而诱发更加严重的社会问题。因此，刑法本身具有有限性，并非构建与维护秩序最正义的手段，刑罚处

---

① 参见［德］乌尔里希·贝克：《风险社会》，何博闻译，译林出版社 2004 年版，第 43 页。

② Jenny Steels. *Risks and legal theory*, Hart publishing, 2004, pp. 18 – 33.

③ 姜涛：《社会风险的刑法调控及其模式改造》，载《中国社会科学》2019 年第 7 期。

罚太多的社会，本身就是不安全的社会。① 这意味着传统刑法的规则在应对社会风险的时候是需要慎重选择的，尤其是要在安全与自由之间寻找一种平衡。此外，一般认为犯罪被害人的权益保障属于刑事和刑事诉讼法的范畴，法律制度的设计以及法官的裁判要点更关注犯罪行为人在刑法中罪责刑相互的适应，以最大限度实现刑事惩戒的公平，但是对受害人的人身损害救济关注较少，多数情况下受害人的人身损害赔偿通过刑事附带民事赔偿诉讼获得，在犯罪行为人能力限度内，加害人给予受害人一定精神上、心理上的慰藉，甚至一些受害人家庭，因为无法获得足额的经济赔偿或医疗救济，而导致家庭破裂，陷入贫困，无法正常维持生计。这样的损害赔偿本质上仍然与建立在个人责任基础上的侵权损害赔偿制度相似，受害人生命健康的损害以及家庭生活的困难相较于其他社会成员而言，是一种新的不平等，毕竟如果没有犯罪行为人犯罪行为的出现，受害人可能还是在正常的轨迹中正常生活。更为严重的是，如果受害人及其家庭因为无法获得赔偿而无法正常生活，很可能会产生新的社会不安因素，诱发极端事件。因而，国家对暴力行为受害人承担更高的保护义务，与国家维护治安职责有一定的关系。毕竟国家居于权力的垄断地位，对于未能阻止个体对他人人身权益的损害时，至少可以通过社会分担暴力行为的损害后果，保障受害人生命健康的恢复以及家庭生活的稳定有序；限制私人之间的报复，使国家成为安定秩序的保障者，这本质上属于国家基于特定责任给予社会弱者的保护。

其次，侵权损害赔偿制度本质上还是一种个人责任负担风险的机制，整个制度设计的核心目的是实现个人损害的救济，以个人正义实现为目的，而非社会安全。我国的国家赔偿与补偿制度本质上只是将损害赔偿责任的主体变更为国家，仍延续侵权损害赔偿的逻辑进行构建，延续自由法治基础之上的责任分配方式。但是当风险损害发生，且存在权

----

① ［德］约享·本克：《当今刑法的五个基本问题》，樊文译，载陈泽宪主编：《刑事法前沿》（第 10 卷），社会科学文献出版社 2017 年版，第 242 页。

利利益救济的必要性，但无法根据故意、过失和违法性进行二元化考量判断时，则无法根据损失补偿或国家赔偿得到救济，这就形成"国家补偿的低谷和盲区"。① 在现代社会，个人将生存照顾的责任从"个人"移转至"政治权利拥有者"，即个人生存照顾先经历了由"个人负责"转为"集体责任"的过程，再经历了由"集体责任"转入"政治负责"的过程。② 通过个人责任来治理社会风险，毕竟是一种相对间接的实现社会安全的手段，而通过国家责任来治理社会风险，维护遭受风险影响的人的合法权益，是一种更为直接的方式。

建立在矫正正义基础上的损害赔偿制度无法实现风险的分配正义。进入风险社会，风险犹如财富一样，正在慢慢扩大社会不平等，分配正义逐渐蔓延至安全领域。工业社会风险社会中的不平等既相互重叠，又互为条件，社会财富的不平等分配，为风险的产生提供了坚不可摧的防护墙和辩护理由。③ 工业社会或市场社会的问题，与风险社会的问题相互交叠，相互竞争。随着风险社会的发展壮大，风险的受害者和获益者之间的对立也逐渐扩大。这意味着当风险发生的时候，阶级与阶级的分裂并未被风险冲突所取代，反而是根植于阶级差异之中。风险常常以阶层或阶级的专属方式来分配，财富在顶层积聚，而风险在底层积聚。④ 风险的这种扩大效应在某种程度上巩固了阶级社会。正如在一般风险中，强势阶层的社会成员具有更高的抗风险能力，具有购买、应对、规避风险的机会和能力；而弱势阶层的社会成员属于社会易受伤害者，缺少购买、应对、规避风险的机会和能力，会因风险的发生陷入更加不利的地位，甚至还会付出生命的代价。这意味着风险的应对、规制因为阶层的不同而不同，甚至风险损害结果因为阶层的不同而扩大，于是，对

---

① ［日］宇贺克也：《国家补偿法》，肖军译，中国政法大学出版社 2014 年版，第 455 页。

② 参见陈新民：《"服务行政"及"生存照顾"概念的原始面貌——谈福斯多夫的"当代服务主体的行政"》，载其所著《公法学札记》，法律出版社 2010 年版，第 45 页。

③ 参见［德］乌尔里希·贝克：《风险社会》，何博闻译，译林出版社 2004 年版，第 40 页。

④ 参见［德］乌尔里希·贝克：《风险社会》，何博闻译，译林出版社 2004 年版，第 26 页。

于风险的承受中顺应产生了一种新的社会不平等。此外，风险社会的风险除了各种"副作用"，还具有"回旋镖效应"，即就算是"豪门富户"，也难逃避风险的侵害，先前的"副作用"会进行回击。① 毕竟风险迟早会带来威胁，反过来使风险捆绑的利益集团受到削弱和瓦解。随着风险的不断加大，风险损害将会导致利益共同体冲破特定利益，转变为现实的损害后果。当风险在系统性、大规模的破坏下，社会安全逐渐丧失，社会中不同阶层、不同职业与年龄的群体将会开始重新联合起来，人民被迫进入文明自陷危机的统一局面之中，即共同体成员会对风险损害的应对形成新的共识，社会通过形成新的平等走向社会安定。因此，在一定意义上讲，工业社会对财富分配的逻辑逐渐转为风险社会对安全分配的逻辑。安全并不能取代平等，反过来平等却可以产生安全。对安全的诉求只有在以平等为根据而被提出的时候，才会变得更为有效。②

建立在矫正正义基础上的传统国家责任制度，在应对风险导致的人身损害时存在极大的困难，毕竟一旦无法认定为国家赔偿或国家补偿，那么风险损害人只能获得象征性的、道义上的补偿或者捐赠，这暗含着风险分配的责任仍然留给个人。换句话说，如果因为无法判定违法行为的存在、无法找到责任主体或归责原则而无法获得国家补偿，抑或为了特定社会利益而遭受特别牺牲或损害但无法获得补偿时，这部分遭受损害的群体相较于未受风险影响的群体来说，是一种新的社会不平等。当矫正正义逐渐进入社会安全领域，安全成为一种可以被分配的利益，国家责任需要通过对风险的分配实现国家安全和社会安定。基于公平正义的要求，国家有责任保障、恢复特定群体因特定利益的牺牲而遭受的不公平。在自由资本主义时代，国家的任务就是维持秩序，即在市场和社

---

① 参见［德］乌尔里希·贝克：《风险社会》，何博闻译，译林出版社 2004 年版，第 29 页。

② ［德］乌尔里希·贝克等：《风险社会与中国——与德国社会学家乌尔里希·贝克的对话》，载《社会学研究》2010 年第 5 期。

会的自由发展中，实现国家富裕与社会正义。但是为了实现财富分配的实质正义，我们开始通过国家干预实现对社会财富的再分配，我们开始进入福利给付的社会发展阶段，但是随着风险社会的到来，我们需要重新通过国家手段，再次对风险进行分配，实现对风险的规制及对风险损害的补偿，通过国家责任的方式维护社会安全和社会公平。

三、风险损害社会化分担的必要性

(一) 预防与分散风险的需要

在现代社会，风险已经广泛存在。由于风险发生的不确定性导致风险结果、损害程度无法通过科学的概率计算、预期监控等方法进行判断，且风险责任主体难以确定，导致社会风险所带来的损害常被视为"天灾"，不只是个体不幸，背后还涉及社会的不安与失序。不同层次的风险与不同水平的需求形成结构性的社会保障制度，构成对社会风险的预防分担与制度回应。例如，预防接种行为具有极强的特殊性，首先，预防接种行为具有一定的专业性，公民对于接种疫苗的信息手段了解有限，对于疫苗接种的安全性及反应后果知晓有限，很难判断自身是否适合接种；其次，疫苗接种行为具有强制性，国家为了实现群体预防和疾病控制的效果，会推行强制或建议疫苗接种，这意味着个人负有接受疫苗接种的法定义务；最后，疫苗接种对象是人的生命，甚至许多疫苗会在婴幼儿阶段接种，尽管疫苗预防接种的风险相较于其所带来的巨大健康收益似乎微不足道，但是一旦出现疫苗接种死亡或者诱发其他后遗症，将会给接种群体造成极大的生命健康损害。因而，为了避免疫苗接种风险的出现，国家需要承担更大的安全保护义务，而这一义务的履行就体现在预防接种的损害补偿制度中。

在社会保障法视野下的社会补偿制度，建立在社会连带、国家责任的基础之上，以受害人的风险损害结果作为给付的基础，延续受害者基本生存维持与基本生活重建的思路应对各类风险事件造成的损害。社会补偿制度可以迅速为受害人提供救济，帮助受害人快速恢复生命健康及生活稳定，因为社会补偿部门只需对遭受损害群体制定统一化的给付标准、类型化的给付内容、规范化的给付程序等，无须对侵权行为及因果关系等要素进行认定。社会补偿制度的功能在于对为社会公共利益作出贡献和承担损失的公民，以及对受突发事件影响而遭受损失的公民提供利益平衡的手段，使社会发展的成本不会任由公民独自承担，恢复其社会权利的完整性。① 社会补偿制度能够填补特定风险事件所导致损害的救济不足，与社会保险、社会救助等制度形成多层次的制度安排，快速对各类风险的防控、补偿形成体系化的应对机制，第一时间满足受害人的损失补偿需求，避免受害人因突遭不幸，难以保持生命健康安全及基本生活稳定。②

（二）补偿与救济损害的需要

国家安全保障责任的落实是社会补偿保障功能的体现，即国家要保障和保护公民的合法权益，在其遭受生命、身体、健康等人身利益损害之后能够获得合理补偿，能够获得社会帮助，维护受害者最基本的生存权、发展权。从传统工业社会进入风险社会，如何防范、应对经济、社会等方面的潜在危险，为公民提供安全的生活条件成为国家在当代的核心任务之一。③ 当矫正正义逐渐进入社会安全领域，安全成为一种可以被分配的利益；国家有责任保障、恢复特定群体因特定利益牺牲而遭受的公平损失。在一定意义上讲，安全并不能取代平等，反过来平等却可以产生安全；对安全的诉求只有在以平等为根据而被提出的时候，才会

---

① 董文勇：《我国社会建设时代的社会法及其体系论纲》，载《河北法学》2016 年第 10 期。

② 林嘉等：《突发公共卫生事件社会补偿制度的构建》，载《中国人民大学学报》2020 年第 5 期。

③ ［德］汉斯·J. 沃尔夫等：《行政法（第三卷）》，高家伟译，商务印书馆 2007 年版，第 3 页。

变得更为有效。①

例如在预防接种事件中，预防接种是预防控制传染病最有效的措施。② 尽管疫苗接种对于预防传染病传播，保证社会公共安全方面具有重要作用，但是受制于医学技术的发展，即使是合格的疫苗接种也不能保证完全的安全；不排除在一般性、轻微性的不良反应之外，疫苗接种者诱发更为严重的健康损害后果。预防接种具有风险与收益并存的属性，属于典型的风险规制领域。从域外经验可以看出，预防接种损害在早期通常被认为属于"特殊体质"引发的损害，疫苗接种与损害后果之间无直接因果关系，这也就否定了传统侵权损害救济的路径；而后由于疫苗接种的不良反应被政府确认，国家开始承担疫苗接种损害补偿的责任。③

追求实质正义的以法治国理念以实现社会安全为目标，强调通过国家权利来实现社会的平衡；国家既有义务不损害个人的自由发展，又有义务为保证所有个人的充分发展而提供必要的法律制度或相应的公用资源。为了增进大多数人的幸福，国家安全保护义务得以扩张，逐渐广泛地干预社会生活，应在风险社会和国家责任的背景中引入社会补偿制度，即在受害人无法通过社会保险、社会救助、侵权损害赔偿等制度获得救济时，通过社会共同体，共同分散受害人所遭受的人身损害，对受害人生命、健康等损失给予及时补偿的救济制度，促使损害赔偿制度走向社会化。

---

① ［德］乌尔里希·贝克等：《风险社会与中国——与德国社会学家乌尔里希·贝克的对话》，载《社会学研究》2010 年第 5 期。

② 《中华人民共和国传染病防治法》第十五条规定：国家实行有计划的预防接种制度。国务院卫生行政部门和省、自治区、直辖市人民政府卫生行政部门，根据传染病预防、控制的需要，制定传染病预防接种规划并组织实施。用于预防接种的疫苗必须符合国家质量标准。国家对儿童实行预防接种证制度。国家免疫规划项目的预防接种实行免费。

③ 杜仪方：《日本预防接种行政与国家责任之变迁》，载《行政法学研究》2014 年第 3 期。

（三）补充与完善损害救济制度的需要

衡平功能是指丰富社会保障制度内容，织密社会保障的安全网，实现社会公平和社会正义的功能。人类的发展历史就是不断对抗风险的历史，这些历史进程表明，不同群体的保护要基于特定的社会结构，例如针对老年人、未成年人、残疾人、事故受害者等不同社会成员群体，都有与之相对的保护制度及保护方式。若是社会想要形成稳定局面，都要在特定的社会条件、社会资源和社会需求之间形成平衡。[①] 这种社会平衡包含了国家的各种干预手段和政策，其中社会保障制度就是国家再分配的调节手段，将不同社会成员遭受的风险损害在全体社会成员之间进行移转，快速帮助遭受损害的社会成员摆脱困境。

例如战争对于人类安危、民族兴衰、国家存亡、社会发展都具有直接影响。军事既为战争而存在，也为和平而存在；国家对于战争的发动、军事活动的开展负有直接责任。军人基于特定的职责和使命，会在战争中作出极大牺牲，乃至生命，国家需要对军人及其家属因战争而遭受的牺牲或损害承担照顾补偿责任。而在和平年代，为了保证国土安全和人民安宁，国家通常会实施积极防御战略，巩固国防、强化军队，无论是战争行动，还是和平时期军事力量储备都将被视为统一的整体，纳入国家各类军事战略部署和军事实践活动之中。这些和平时期所做的所有国防军事准备活动，如在军事演习、军事训练等中，造成某些损失，尤其是人身损害，皆属于因支持国家国防事业作出的特别牺牲，国家应对这部分损失承担照顾补偿责任。战争受害补偿制度是国家对所有因与战争相关事件导致生命、健康等人身利益损害而给予补偿的制度，是对遭受损害群体为国家国防安全作出特别牺牲而给予的保障，既包括直接遭受战争损害的人，也包括和平时期遭受各类军事实践活动损害的人；

---

① Michael Stolleis. *History of social law in Germany*, Springer Berlin Heidelberg, 2013, p. 242.

既包含军人，也包含平民。

　　社会补偿制度之所以归入社会保障制度之中，是因为社会补偿通过为单个或特定受害人提供补偿的方式，实现受害人基本生活的安全，纠正受害人所遭受的不公平。这与社会保障制度以保障基本生活、实现社会正义、维护社会安全的立法目的完全一致。① 国家对人民所遭受社会风险损害应能够保障其向特定政府机构主张获得补偿的权利，这意味着受害人具有社会法上的请求权，这种给付请求权既包含实体法上的请求权，也包含程序上的请求权。② 社会补偿与其他社会保障制度一样，本质上都是社会安全的一种保护手段，是应对风险造成的人身损害的一种再分配方式。社会补偿以其特有的制度功能构成对其他社会保障制度的补充，扩大了社会保障制度的保障范围，丰富了社会保障制度的内容体系。

---

　　① 林嘉等：《突发公共卫生事件社会补偿制度的构建》，载《中国人民大学学报》2020 年第 5 期。

　　② 郑尚元主编：《社会保障法》，高等教育出版社 2019 年版，第 322 页。

社会补偿的基础理论

一、社会补偿的定性：基本内涵与法律属性

（一）社会补偿的概念与特征

1. 社会补偿的概念

社会补偿在发展初期是为了弥补特定事件所产生的缺憾，由国家推行的一种"社会衡平"措施。[①] 因为基于责任史的社会补偿制度具有一个内部性的平等结构，它建立在受害者相对于未遭受类似损害的大众的不平等之中，而福利待遇应该纠正这种不平等。[②]

德国《社会法典》第一编第五条对社会补偿作出规定，[③] 该条规定中有权请求的人是指受害者及其幸存的家属；请求给付的内容既可以提供治疗和康复服务，也可以包含现金福利；请求给付的原因系对健康的损害。[④] 社会补偿的目标是对人身损害的衡平，对于财产的衡平不在其中；补偿给付的法理在于国家对受害者的"担保义务"，给付内容的依据是"照顾法"。[⑤] 2019 年 12 月 12 日，经过联邦参议院批准，将社会补偿法律规范作为《社会法典》的第十四编，其中第一条规定，对于由国家共同体承担特殊责任的损害事件导致社会成员遭受健康损害的，应给予补偿帮助。这里的"损害事件"包括暴力行为、战争的影响、与执行公务相关的行为、特定预防接种或其他预防措施，损害事件可以

---

① 参见钟秉正：《社会保险法论》，三民书局股份有限公司 2005 年版，第 29 页。

② ［德］汉斯·察赫：《福利社会的欧洲设计：察赫社会法文集》，刘冬梅、杨一帆等译，北京大学出版社 2014 年版，第 31 页。

③ 《社会法典》第一编第五条规定：基于国家整体对于特别牺牲的补偿，基于照顾法上的原则所生之其他理由，人民就其所遭受之健康损害，对下列事项拥有请求权：（一）用以维持、改善以及恢复其健康与工作能力之必要措施；（二）适当之经济照顾。受害者之遗属亦得请求适当之经济照顾。

④ Ulrich Becker, Soziales Entschädigungsrecht, Nomos Verlagsgesellschaft mbH & Co. KG, 2018, S. 23.

⑤ 台湾社会法与社会政策学会主编：《社会法》，元照出版有限公司 2015 年版，第 316 页。

是暂时性的、经常性的或长期性的。① 社会补偿的对象可以是受害者本人，也可以是受害者家属、遗属或者其他亲属。②

我国台湾认为社会补偿是政府对人民因为战争、公权力等造成的损害予以填补，即使合法行使公权力，或虽无违法行为，但未尽职尽责，以致人民受到损害，在社会正义的考量下，政府透过立法方式，对该损害予以填补；社会补偿原理建立在"共同体责任"的基础上，也是对遭受特别损害者之损害予以衡平，由政府以税收提供此项给付。③ 社会补偿是基于社会连带之理论，对于个人因战争、犯罪行为等特定因素所造成之损害，不应将其视为个人之损害；相反地，应视个人所承受之损害为社会整体之负担，因而，需通过全体社会共同分担方式，提供该受损害之个人相当给付以填补其损失。因此社会补偿乃在特定的原因下，提供个人一定给付以弥补其损失之社会保障制度，且由于社会补偿强调通过社会整体来分担个人损失，在财源上则系透过税收，并由政府编列预算之方式加以支应。亦有学者认为社会补偿是政府出于对历史重要事件的反省，认为基于"国家整体"以及"社会衡平"有必要给予受害者相当的补偿。④

我国大陆对于社会补偿概念的界定也分散在两个领域，行政补偿领域和社会保障法领域。行政补偿领域中有学者认为衡平补偿是基于"衡平性"的考虑，对相对人所受损失主动给予一定补偿，借以实现社会正义，在一定意义上带有社会福利的性质。⑤ 而回归社会保障法领域，有学者认为社会补偿是基于社会连带理论，对于战争、意外事件等特定因素给个人造成损害，在传统侵权损害赔偿及其他社会保障制度无法救济的情况下，由社会共同体分担风险、填补损失，保证受害人不因

---

① 德国《社会法典》第十四编第一条。
② 德国《社会法典》第十四编第二条。
③ 台湾社会法与社会政策学会主编：《社会法》，元照出版有限公司2015年版，第42页。
④ 钟秉正：《社会法之理论与应用》，元照出版有限公司2018年版，第117页。
⑤ 王太高：《行政补偿制度研究》，苏州大学法学院2003年博士学位论文。

特定因素造成的损害而影响其基本生活的一项社会保障制度。[①]

基于前述的研究可以发现，社会补偿产生的基础是对国家的安全保障责任的履行；建构的目的是基于社会连带理念，通过调配风险责任，保护弱势群体的生命健康安全和生活安定有序，实现社会公平正义。就社会补偿制度的构成要素而言，社会补偿给付的主体是国家；社会补偿的对象是特定风险事故损害的受害人自身及其家属或遗属；社会补偿的标准不是完全的损害填补，而是基于国家照顾，以能够维持受害人基本生活、保持生命健康安全为标准。故本书认为社会补偿是国家为了预防战争、意外事件以及其他应由国家承担责任的原因所导致个人生命、健康等非财产权的损害，在受害人无法通过损害赔偿制度及其他社会保障制度获得救济的情况下，由国家和社会给予受害人特定损失补偿，以维持基本生活安全的社会保障制度。[②]

2. 社会补偿的法律特征

社会补偿是通过损害赔偿的社会化维持受害人基本生活的一种福利措施，是实现社会公平正义、调配风险责任的重要手段。基于社会补偿的基本内涵，本书认为社会补偿的特征主要包括四个方面：

一是社会补偿的有因性。社会给付按照给付目的不同，可以分为有因性给付和目的性给付；有因性给付是指基于过去存在的原因而提供的给付，目的性给付则是以未来想要达成的结果而提供的给付。[③] 目的性给付也会被称为依结果的给付。社会补偿是对过去遭受特定损害而给予的补偿给付，始终以发生损害的特定原因为前提，要将共同支付义务和社会补偿法义之间存在因果关系，即由某个特定事由引起损害的补偿，比如基于特别牺牲事由所发生的补偿。这一内容也是社会补偿区别于社

---

① 郑尚元主编：《社会保障法》，高等教育出版社 2019 年版，第 314 页。

② 林嘉等：《突发公共卫生事件社会补偿制度的构建》，载《中国人民大学学报》2020 年第5 期。

③ 参见［德］艾伯哈特·艾亨霍夫：《德国社会法》，台湾社会法与社会政策学会主编，李玉君、林谷燕等译，元照出版有限公司 2019 年版，第 10 页。

会救助的重要特征。

二是社会补偿的法定性。社会补偿是基于特定损害事由，对受害人生命健康及基本生活安全提供的补偿，是社会保障体系中的一部分。补偿给付的基金来源于国家税收以及其他社会性资金，构成事故损害的最后救济手段。法律法规必须对社会补偿给付的原因、给付标准、给付方式以及给付内容等加以规定，这也是法律保留原则在行政给付中的体现。尤其是在给付原因方面，既不能毫无标准、毫无事由地随意补偿，也不能过于严格苛刻而难以获得补偿；在补偿标准上，既要保障遭受风险损害的人能够维持生命健康安全、基本生活稳定，又要符合国家经济社会发展的水平，在国家给付水平和国家财政负担之间形成平衡。

三是社会补偿的社会性。就补偿对象的社会性而言，凡因法定原因遭受生命、健康等损害的社会成员都可成为补偿对象；就补偿经费来源的社会性而言，即社会补偿资金来源是多元的，除了通常由国家财政预算负担以外，还可通过慈善捐赠、基金运营所获孳息以及其他社会化渠道获得的资金；就社会补偿基金管理的社会性而言，社会补偿基金需要由政府、社会组织等多方机构共同管理与运营。

四是社会补偿的无偿性。整个社会保障制度包含缴费型社会保障制度，如社会保险；以及非缴费型社会保障制度，如社会救助、社会补偿、社会福利。社会补偿本质上是通过社会整体力量分担个人的风险与损失，无须特定的对价即可获得补偿，因而不同于社会保险或者民法中的责任保险，社会补偿请求权人无须预先缴纳费用，换言之，社会补偿请求权人获得社会补偿给付并不以是否预缴纳费用为前提。

（二）社会补偿的社会法属性

1. 利益结构：以社会利益为本位

公法和私法的划分标准影响至今，成为现代法律制度的基本结构。但是随着国家干预的出现，私法公法化、公法私法化的发展，公法与私法二分的标准逐步遭受质疑。因为这种以利益为标准区分与法律并非一一对应关系。① 相对于传统的公法和私法而言，社会法可以作为第三法域理解。尽管我国学术界关于社会法的内涵及外延仍在讨论，基本呈现出狭义、中义、广义三类层面的社会法范畴，但是无论何种讨论，社会保障法都是最典型的社会法。

按照法律调整法益的不同，社会法是调整社会公共利益②的法律，是为了满足社会不特定群体的普遍权利性需求，体现了社会共同性的需求意愿。社会利益的直接受益者是社会，但是也普惠于每一位社会成员，因而，社会利益体现了社会成员之间的社会连带属性，是与社会公平、社会正义紧密结合的概念，而实现社会利益也成为现代国家一项积极履行的任务。

个人利益和社会利益反映了个人与社会的关系，二者之间不是绝对的替代性关系，而是优先性的价值衡量关系。社会利益的实现是以个人利益让渡为前提，是以社会共同体的社会生活需要而存在。不存在超越个人利益的绝对社会利益，也不存在不以保护个人利益实现为目的的纯粹社会利益的保护。这意味着对于公共利益的保护，是对个人利益的实现；对于个人利益的保护，服务于公共利益的实现。而社会保障制度就是在个人利益和社会利益之间进行调配，通过国家履行安全保护义务，保护私人的生命、身体、健康等安全，实现社会利益保护的目的。由于面对工业社会的风险，纯粹由受害人个人及家庭承受风险损害的后果是不公平的，毕竟受害人及其家庭的损害承受能力太弱，并且无论是社会中的强势群体还是弱势群体，都有可能遭受特定事由或事件的"不幸"伤害，当大批量的受害人及其家庭都无法承受这些风险损害，为了社会稳定与社会成员共存的目的，则需要国家对风险损害进行干预，由社会

---

① 林嘉主编：《社会法》，载朱景文、韩大元：《中国特色社会主义法律体系研究报告》，中国人民大学出版社 2010 年版，第 458 页。

② 作为法学家所使用的作为权利要求的利益可以分为三类，个人利益、公共利益和社会利益。（参见［美］罗斯科·庞德：《通过法律的社会控制》，沈宗灵译，商务印书馆 2010 年版，第 41 页。）

共同体对损害进行分担。事实上，工业化进程的加快及风险社会的到来，越来越多的事件损害与个人过错无关，甚至某些损害事件的发生是由公民个人公共利益做出特别牺牲所导致的，对于此种情况，更应该由社会共同体对受害人的损害给予补偿救济。因而，社会补偿基于社会利益的考量，因战争行为、犯罪行为及其他应由国家承担责任的事件所引发的损害，通过社会化分担的方式，对遭受损害的公民给予补偿救济，以协助受害人及其家庭具备恢复基本生活的能力和条件，从而维护社会整体的安全和有序。社会补偿既包含对遭受损害的社会弱势群体的保护与救济，也服务于实现社会安全与社会公平的目标，更体现了以社会利益为本位的思想，致力于增进社会全体成员的共同福祉。

2. 价值取向：以实现分配正义为追求

在罗尔斯的"作为公平的正义"理论中，正义的第一个原则属于平等自由原则，即每位社会成员具有最广泛的平等的自由的基本权利；第二个原则包括机会均等原则，该原则是指所有职务与职位应该向所有人开放，使每个人都有公平平等的机会担任这些职务与职位，不受天赋、社会地位等要素的影响；第三个原则为差别原则，该原则是指要对社会资源、财富进行分配，保障社会处境最不好的人能够获得最大利益或补偿，也就是说，认为能使处于弱势社会地位的成员获得最大利益的分配就是正义。基于此，形式公平与实质公平成为公平的两项分类。形式公平就是同等情况下平等对待所有人，但是这种社会政治经济基本结构以及忽视社会成员在社会资源、天赋等方面差异的公平是不符合最终正义的目标的，因为人民在自然天赋、社会出身等方面的差异无所谓正义与否，但是对于这些差异的社会分配应当符合正义的要求和标准。实质公平强调通过对社会利益、社会资源的分配，以达到不同情况下的平等对待所有人，使社会弱势群体得到补偿或利益；强调国家通过法律法规、方针政策的制定为社会分配的公平正义提供制度保障。

现代社会风险的增多，呼吁国家通过提供更多的公共服务、健全的应急管理手段以及成熟的法律制度保障来预防、规制风险损害，这意味着风险安全的维持需要以加强国家干预来获得，附加给国家新的安全保护义务。例如当某些疾病被定义为社会公共健康问题或公共安全问题时，就排除了公民个人在这些疾病方面承担损害后果的责任，如果国家未能成功保护公民免受这些疾病损害，那么国家就应该承担保护不力的责任。[①] 而社会补偿制度就是对特定应该由国家承担责任的风险损害，在遭受损害群体和未遭受损害群体之间进行社会分担和安全调配的制度。以犯罪被害人补偿为例，尽管国家对于犯罪被害人补偿的直接责任较少或根本没有直接责任，但是国家出于公平原因而采取行动和措施；在此种情况下，这些行动和措施补偿了社会其他群体违宪行为所造成的生命损害。[②]

3. 法律关系：公法与私法的复合性

法律关系可以划分为公法、私法及社会法三种，而社会法，则是具有介于公法与私法之间的特别地位。[③] 社会法是以公法与私法相互渗透而产生的新的法律领域。[④] 社会法是具有公法和私法融合性的法律，其所调整的社会法上的法律关系也兼具公法和私法融合性的特点。从法律关系的主体来看，不仅包含国家及国家下的公团体，还包含私人及私人团体，既不能定义为完全的公法主体，也不属于完全的私法主体；从法律关系的性质来看，既包含公法上的控制、服务，又包含私法上平等主体的协商、自治；从保护的利益来看，则是以保护社会利益为目的。由于不同的法律关系对应着不同的权利内容，因而，公法上的法律关系对应着公法上的权利、私法上的法律关系对应着私法上的权利、社会法上

---

① Violaine Roussel. *Changing Definitions of Risk and Responsibility in French Political Scandals.* Journal of Law and Society, vol. 29, no. 3, 2002, pp. 461－486.

② Jörg Müller-Volbehr, Reform der sozialen Entschädigung, ZRP (10) 1982, S. 270－277.

③ ［德］考夫曼：《法律哲学》，刘幸义译，法律出版社2003年版，第159—160页。

④ 田思路：《日本"社会法"：概念·范畴·演进》，载《华东政法大学学报》2019年第4期。

的法律关系对应着社会权利。

在社会补偿中，社会补偿法律关系对应着社会补偿权利，属于社会保障权利的一个组成部分，亦兼具公法与私法的双重属性。

首先，在法律关系的主体方面，社会补偿法律关系主体既包含公法上的主体，如国家及公团体，也包含私法上的主体，如公民，基金管理人等；参与主体的多元化促使社会补偿法律关系主体的多元性，既不完全属于公法上的主体，毕竟法律关系主体并不必然存在管理、服从的关系，也不完全属于私法上的主体，毕竟参与主体之间也不都是平等的私法主体。

其次，在法律关系的性质方面，既不完全体现不平等主体之间的管理、控制、服从的公法关系，也不完全体现平等主体责任自负、意思自治的私法关系。社会补偿法律关系包含多种类型，不同的具体法律关系则在不同程度体现了公法与私法的属性。例如，在受害人作为补偿给付对象和国家作为给付主体之间，形成社会补偿给付法律关系，这种给付法律关系体现了极强的公法属性，尤其是在这种直接给付法律关系中，国家通过补偿给付直接为遭受损害的弱势群体提供保障生存的条件和服务。而在受害人与社会补偿基金的管理者之间，社会补偿基金的管理者与社会补偿基金的监督者之间，又属于平等民事主体之间的私法上的法律关系。此外，也存在私法和公法结合的法律关系的情况，例如在刑事犯罪被害人的补偿制度中，犯罪行为人因为对他人的生命、身体、健康等权利施加损害，犯罪行为人不仅要承担刑事责任，接受国家的刑罚处罚，还要承担侵权法上的侵权损害赔偿责任，对受害人进行民事赔偿，于是，就在刑事诉讼程序中附加民事赔偿诉讼；同一犯罪行为人既包含对国家的公法上的义务，也包含对受害人私法上的义务。

最后，在法律关系的内容方面，社会补偿法律关系的权利义务并非对等。社会补偿制度是在公法中通过国家干预私人事务的方式，保障弱势群体的生存问题，国家与遭受损害群体的补偿权利义务关系与民事主体之间侵权损害赔偿对应的"权利义务相一致"的关系是不同的。社会补偿不同于社会保险，无须全体社会成员预先缴纳费用。换言之，在社会补偿法律关系中，享有权利是第一位的，履行义务是第二位的，公民可以在不履行义务的情况下，直接享受获得社会补偿的权利。因为社会补偿制度的核心就是对遭受损害的弱势群体进行补偿利益的调配，是对社会弱势群体的倾斜性保护。社会风险的发生是不确定的，遭受损害的群体也是不确定的，但是社会补偿机制在社会共同体基础之上建立了损害的社会化分担机制，将风险损害后果在遭受风险损害与未遭受风险损害之间进行调配，保障公民在遭受特定严重的损害之后，能够有机会维持生命身体健康，能够有能力维持基本生活的稳定。

4. 调整模式：个人、社会与国家的综合协调

法律调整模式是部门法划分的重要依据。社会法的调整模式采用国家强制、社会自治以及个人自治的综合调整模式。社会法是通过国家强制与团体自治对居于不平等地位的缔约当事人双方的意思自治设定相应的底线，从而对强势主体进行适当的制衡。① 社会法体系包含众多的单行法，不同的单行法具有不同的调整模式，例如劳动法的调整模式是从单一的国家强制模式转为个体自治、团体自治和国家强制三种模式共存；而社会保障法的调整模式则是以国家强制作为具体的实施手段。由于调整不同的社会群体，不同单行法的调整模式也会有一定差别。例如对于社会弱势、困难群体而言，国家需要通过干预直接进行矫正，以保障其基本生存以及生活安定。在社会补偿法体系中，当人们因为应由国家承担责任的损害事件而遭遇特定风险损害时，为了排除上述风险所带来的负面影响，国家通过立法建立积极的补偿干预，将风险损害在强势群体和弱势群体之间调配，将个人的损害由全体社会共同分担，对遭受特定损害的社会弱势群体给予保护。从社会补偿参与主体来看，既包含

---

① 林嘉：《劳动法的原理、体系与问题》，法律出版社 2016 年版，第 40 页。

受害人，也包含国家和社会共同体，既包含加害人责任，也包含共同体责任。例如，在犯罪被害人补偿中，犯罪行为既是加害人和被害人之间的利益冲突，也是加害人与国家、社会之间的利益冲突；犯罪被害人的补偿如果完全依赖于加害人赔偿，则会出现加害人无力承担损害赔偿后果的情况，此时由国家强制介入加害人与受害人损害赔偿关系之间，补充受害人损害赔偿之不足。此外，从社会补偿基金的来源来看，各项具体社会补偿制度所需的基金不仅包含国家财政资金，也包含社会资金；从社会补偿基金的管理来看，既包含国家行政机关的基金运营、管理与监督，也包含第三方主体的运营、管理与监督。

二、社会补偿的基础：理论基础与宪法依据

（一）社会补偿的理论基础

1. 社会连带理论

现代社会分工的强化导致社会交往的日益频繁，人们越来越依赖于从社会取用相关的生存资源，形成了"社会连带性"。任何一个社会群体都存在强弱之分，社会弱势群体与社会强势群体处于相对变化之中，旧的弱势群体的消失，必然产生新的弱势群体。社会中的强势群体与弱势群体共存，由于社会弱势群体遭受损害极易诱发社会的不安和失序，导致全体社会的损害，因而对于社会弱势群体的保护在一定意义上也是对社会强势群体的保护。保护社会中的弱势群体意味着保护人民避免某些伤害的威胁，是防患于未然的重要举措。社会连带责任思想是社会保障制度得以存在的基础。① 在这种连带关系之下，全体社会成员之间是一种互相合作、互相扶助的关系，每一位社会成员对风险损害都具有预防、分担、互助的责任。维护社会公共利益应以公民基本权利保障为界

① 林嘉主编：《劳动法和社会保障法》，中国人民大学出版社 2016 年版，第 283 页。

限，权利保障以外所作出的限制措施，将因特定情况而有所不同，但在弥补公平、正义、人权保障的漏洞时，应由全体社会成员的共同经费予以支付，尤其是税收经费，由全民共同公平分担风险效果。[①] 在社会补偿制度下，某些特定风险事件对个体社会成员造成的损害，意味着对全体社会成员的损害，对于个体社会成员遭受损害的救济也是对全体社会安定有序的维护。社会补偿制度是社会保障制度的一个分支，具有全体社会成员共同分担个体社会成员风险损害的功能，这正是社会连带理论在社会补偿制度中的集中体现。

2. 国家责任理论

在所有领域，国家放弃了其微不足道的"守夜人"角色，专注于避开威胁，并承担了全面担保人的角色。从一开始对抗来自大规模贫困的威胁，后来逐渐成为分配国民收入的重要主体，并与其他社会力量以多种方式交织在一起。[②] 在社会补偿制度中，国家对于人民遭受生命、健康、身体损害的补偿，是对公民生命、健康、身体权利的保护，是一种政府责任和法理责任。社会补偿只能依据法律的个别授权才能提供给付，在个别法上的补偿构成要件乃是因应重大事件或特别的日常事件之结果，国家为此承担了特别的担保义务。这可解释为出于国家的策动、国家的不作为或是为了促进公共利益所做的付出。[③] 其中，基于国家策动的担保义务，如对于战争受害人、军人以及服兵役者的合理化的照顾给付；对于因法律规范或机关推荐的预防疫苗注射超出正常反应的损害补偿等；基于国家不作为的担保义务是对于暴力犯罪受害者的补偿，毕竟国家有责任保障公民的生命、身体、健康免遭违法侵害；为了促进公共利益做出的损害是基于不真正灾害保险，例如福利事业的志愿工作

---

① 李震山：《论行政损失补偿责任——以行政程序法之补偿规定为例》，载台湾行政法学会：《损失补偿行政程序法》，元照出版有限公司 2005 年版，第 155 页。

② Michael Stolleis. *History of social law in Germany*, Springer Berlin Heidelberg, 2013, p. 113.

③ 参见［德］艾伯哈特·艾亨霍夫：《德国社会法》，台湾社会法与社会政策学会主编，李玉君、林谷燕等译，元照出版有限公司 2019 年版，第 299 页。

者、救难人员、血液与器官捐赠者、荣誉公职人员、证人与鉴定人、儿童、学生以及大学生的意外损害等。

3. 生存权保障理论

在资本主义初期，生存权属于个人责任；至 19 世纪中期，工业社会的发展，推动国家开始介入生存权的保障；20 世纪初，德国学者福斯多夫最早提出国家的"生存照顾"义务，指出生存照顾是现代行政的任务，是国家给付的责任。这意味着国家为了实现人格尊严的基本权利，需要履行提供生存所必需的最低条件的物质、金钱、服务等义务；需要对社会资源进行干预再分配。德国《基本法》第一条是关于"人的尊严"的规定，《基本法》第二条是关于"个性自由发展及身体不受侵犯"的规定；①《日本宪法》第十三条、第二十五条②都属于国家对公民生存权保障的宪法依据，这构成生存权保障的具体制度化。在社会补偿制度中，受害人自身及其家属或遗属在无法获得损害赔偿或补偿的情况下，很可能会因为损害的发生而导致基本生活陷入困境，比如暴力行为事件中、突发公共卫生事件中受害人及其家属很可能会因为无力承担医疗费用而放弃治疗或者因为高额的治疗费用而陷入贫困。从这个层面而言，社会补偿具有明显的生活照顾的功能，尤其是对原本生活比较困难的受害人家庭来说更是如此。就生存权的保障的法理基础而言，社会补偿与社会救助制度有一定的相似性，但社会补偿制度的建构与发展有利于拓展生存照顾理论的实践。

---

①　德国《基本法》第一条规定：一、人之尊严不可侵犯，尊重及保护此项尊严为所有国家机关之义务。二、因此，德意志人民承认不可侵犯与不可让与之人权，为一切人类社会以及世界和平与正义之基础。三、下列基本权利拘束立法、行政及司法而为直接有效之权利。第二条规定：一、人人有自由发展其人格之权利，但以不侵害他人之权利或不违反宪政秩序或道德规范者为限。二、人人有生命与身体之不可侵犯权。个人之自由不可侵犯。此等权利唯根据法律始得干预之。

②　《日本宪法》第十三条规定：全体国民都作为个人而受到尊重。对于谋求生存、自由以及幸福的国民权利，只要不违反公共福利，在立法及其他国政上都必须受到最大的尊重。第二十五条规定：全体国民都享有健康和文化的最低限度的生活的权利；国家必须在生活的一切方面为提高和增进社会福利、社会保障以及公共卫生而努力。

4. 公平负担与特别牺牲理论

公共负担平等理论认为，国家行为的受益者是全体社会成员，不能只让一部分人负担义务，由此义务导致的损害，应该由全体社会来承担。对于在公务活动中遭受损害的公务人员、见义勇为中遭受损害的见义勇为者、志愿服务中遭受损害的志愿者的补偿，就是国家通过分担个人遭受的不平等后果而给予的公平负担补偿。特别牺牲理论认为，若是公民因为国家利益、公共利益而遭受特定利益损害，如人身利益、财产利益等；那么该损害后果需要由社会全体共同负担，而不能由受害人自己负担。狭义的特别牺牲请求权系针对非财产之法益，特别是生命、健康及自由因公益而受特别牺牲所生补偿请求权的权利。国家因高权行为的行使，使人民遭受非财产上的损失，国家亦应予以补偿。[①] 当国家促进公共福利的义务与公民个人的权利和利益发生冲突时，公民个人的权利和利益保护应该居于次要位置，但是国家有义务补偿为了共同体利益而牺牲其个人权利或利益的人。共同福利优先是欧洲法律史上最受尊敬和最脆弱的准则之一，它的优先地位意味着个人权利的从属地位，同时作为回报，共同体本身需要为实现正义作出承诺，而对个人权利的牺牲提供补偿。[②] 如果在行政补偿中，可以对财产权的侵害都给予补偿，那么比财产利益更高的人身利益受到损害时，类推适用该理论，即公民的生命、身体比起财产权更应得到优厚的保护。[③] 社会作为一个统一的整体，社会补偿目的是通过风险的调配、损害的填补，将不平等的个人负担转化为平等的由社会全体共同负担，以实现社会公平和社会正义。如国家对个人生活的非典型侵犯的特殊负担补偿，公民遭受的特定灾害事故、饥荒、流行病，尤其是为战争损害提供帮助，例如对军人的优待抚恤。

---

① 李惠宗：《特别牺牲之损失补偿——从法学方法论谈既成道路的征收补偿诉讼》，载台湾行政法学会：《损失补偿行政程序法》，元照出版有限公司 2005 年版，第 65 页。

② Michael Stolleis. *History of social law in Germany*, Springer Berlin Heidelberg, 2013, p. 87.

③ ［日］市桥克哉：《日本现行行政法》，田林等译，中国法制出版社 2017 年版，第 403 页。

（二）社会补偿的宪法依据

20 世纪初，德国《魏玛宪法》第一百五十一条的规定引入社会国理念，[①] 尽管该表述并未直接使用"社会国"，但可作为宪法保障人的尊严、追求社会正义的法源依据。"二战"后，社会国理念被写入德国《基本法》第二十条第一款、第二十八条第一款，[②] 使得社会国目标作为规范条款存在，赋予国家以宪法上的积极照顾义务。社会国原则的目标是为社会中经济上的弱势群体，提供平衡性的措施，使其在社会竞争中不至于无立足的基础，从而增加自我发展的机会。[③] 按照该原则要求，社会保障法一是提供陷于困境之人必要的社会给付，并且需要保障陷于困境的人具有人格尊严上的最底线的生存权保护；二是保障人民机会平等，如缩小经济条件较好与经济条件较差之间的差距、缩小在取得物质利益与非物质利益上的差距等，保障不因社会条件等差异导致的生活落差，以实现分配正义；三是立法者有义务通过立法消除社会矛盾；四是对象只针对自然人，非自然人不在该法保护范畴之内。

德国《社会法典》是将《基本法》理念规范上的社会国原则转化为具体制度，是宪法委托下社会国原则的集中体现和立法成果。社会国原则作为基本法上连接法治国原则的基本价值，在《社会法典》的立法任务和目的中明确地体现了出来，社会国原则构成《社会法典》的法理基础。[④]《社会法典》第一编第一条明确了《社会法典》的主要任务，一是社会法典之法应为了实现社会安全、社会正义而给予社会给

---

① 《魏玛宪法》第一百五十一条规定：人民的经济生活之规律必须符合正义的原则，以保证人人享有维持人类尊严之生活目的。

② 《基本法》第二十条第一款规定：德意志联邦共和国为民主、社会之联邦国家。第二十八条第一款规定：德国各州的宪法制度必须符合《基本法》所规定的共和、民主以及社会法治国原则。

③ ［德］英格沃·埃布森等：《德国〈基本法〉中的社会国家原则》，载《法学家》2012 年第1 期。

④ 李若兰：《德国法中的社会国原则》，中国人民大学法学院 2016 年博士学位论文。

付，应致力于：确保合乎人性尊严之生存；创造人格自由发展的平等的社会条件（尤其是为年轻人）；保护和促进家庭；个人通过自由选择工作而获得生活所需的可能；以及通过协助自助，平衡补偿生活的特别负担。二是社会法典之法还应为了使前面所规定的社会法典任务得以履行和实现，而提供能够为个体充分使用以及所必需的社会服务、条件设施。① 而德国社会补偿制度的基础则是《社会法典》第一编第五条②的规定，该条所谓有权利的人，是指受害者及其幸存的家属；既可以为其提供治疗和康复服务，也可以包含现金福利。③

我国《中华人民共和国宪法》第一条开宗明义地规定中华人民共和国是社会主义国家，坚持社会主义制度。坚持共享发展，促进共同富裕，是社会主义制度优越性和先进性的集中体现；这天然地要求国家的各项政治制度要致力于保障弱势群体的基本生存、维护社会正义、实现社会公平。《中华人民共和国宪法》第五条④可解释为包括"形式和实质法治主义"的综合概念，但更注重形式，并通过形式的完善，逐步向实质法治的目标发展。⑤ 法治国家的出发点和目标是个人基本权利的保障，尤其包含对社会弱势群体的关怀，对强弱群体利益的再分配。而社会补偿作为社会保障制度中的重要组成部分，其所具有的法律精神与法治国家的本质要求高度一致。《中华人民共和国宪法》第十四条第四款⑥成为我国公民社会保障权的宪法确认。《中华人民共和国宪法》第

---

① 德国《社会法典》第一编第一条。

② 《社会法典》第一编第五条规定：基于国家整体对于特别牺牲之补偿，基于照顾法上的原则而生之其他理由，人民就其所遭受之健康损害，对下列事项拥有请求权：（一）用以维持、改善以及恢复其健康与工作能力之必要措施；（二）适当之经济照顾。受害者之遗属亦得请求适当之经济照顾。

③ Ulrich Becker, Soziales Entschädigungsrecht, Nomos Verlagsgesellschaft mbH & Co. KG, 2018, S. 23.

④ 《中华人民共和国宪法》第五条规定：中华人民共和国实行依法治国，建设社会主义法治国家。

⑤ 韩大元：《"法治国家"的形式意义和实质意义》，载《检察日报》2014 年 1 月 14 日。

⑥ 《中华人民共和国宪法》第十四条第四款规定：国家建立健全同经济发展水平相适应的社会保障制度。

三十三条①意味着所有公民的权利都应受到平等保护，尤其是在基于公共利益目的对特定群体造成的人身损害，受害者群体相比于其他公众遭受了不平等的负担，应通过国家干预补偿的方式实现对受害者的特别照顾，以保障平等原则的落实和实现。《中华人民共和国宪法》第四十五条②第一句、第三句、第四句从积极方面阐释了我国公民享有的社会保险权、社会救助权和军人基于特别牺牲获得社会补偿的权利；第二句则是从消极方面，要求国家必须采取积极行动，为本条所规定的各项社会保障权利的实现提供各项条件和各种措施。由于构建社会补偿制度是完善社会保障法体系的重要部分，尽管该宪法规定并未直接对社会补偿做出表述，但是该条的法律精神与社会补偿的法律属性相匹配，即在遭受不可预测的特定风险损害时或者遭受特定事故无法获得赔偿补偿时，遭受损害的群体作为社会群体中的弱者，国家有必要为受害人提供满足其生存需求的适当补偿，履行保障人民生命健康及基本生活的最低限度的国家义务。

三、社会补偿的定位：与相关制度的关系

（一）社会补偿与损害赔偿制度的关系

1. 社会补偿与国家赔偿、国家补偿制度的关系

社会补偿和国家补偿在结果上都是对受害人的损失填补，一般都采用相当补偿原则，但是社会补偿仍然与传统国家责任下的行政补偿和国家赔偿不同，主要体现在以下几个方面：一是责任属性不同，无论是国家赔偿还是国家补偿都是国家自己的法律责任，尽管国家本身并不直接

---

① 《中华人民共和国宪法》第三十三条规定：中华人民共和国公民在法律面前一律平等。
② 《中华人民共和国宪法》第四十五条规定：中华人民共和国公民在年老、疾病或者丧失劳动能力的情况下，有从国家和社会获得物质帮助的权利。国家发展为公民享受这些权利所需要的社会保险、社会救济和医疗卫生事业。国家和社会保障残废军人的生活，抚恤烈士家属，优待军人家属。国家和社会帮助安排盲、聋、哑和其他有残疾的公民的劳动、生活和教育。

实施具体行为，但公务人员在行使公权力的过程中就产生了两种行为后果：合法的行政行为和违法的行政行为。社会补偿中的国家责任属于社会法上的责任，不强调公权力行为所扮演的角色，但注重社会国理念下国家对公民基本权利的安全保护义务或照顾保护义务，属于更广义范围内的国家责任。二是制度建构的目的不同。无论是国家赔偿还是国家补偿都是经人民请求，由国家被动地赔偿损害，这与民事侵权责任本质上具有一致性，是建立在矫正正义之上，对个人合法权益损害的填补，具有惩戒、解决纠纷的功能；而且国家补偿目前主要用于财产权益的征收征用补偿，其理论基础是建立在财产权保障与公共负担平等的思想之上。社会补偿是对生命、身体、健康等人身损害的积极补偿，目的不在于解决纠纷和惩戒，更侧重于公民基本生活的保障和社会安全的维护。三是制度认定要件不同。国家赔偿和国家补偿延续侵权责任法的认证逻辑，国家赔偿以受害人遭受国家公权力的侵害为条件，国家补偿虽然不注重公权力的违法性，但要强调公权力行使的目的性，即有目的地实施的合法行政行为的存在；在国家赔偿中，如果不存在因果关系，则无法认定国家赔偿的成立，在行政补偿中如果损失没有因为合法公权力的行使达到特定牺牲的标准，也无法认定国家补偿的成立。社会补偿中，损害通常都非直接来自公权力主体的合法或者违法行为，一般来自自然事实、社会风险事故或政治原因事件等，公权力主体无公权力行为，也无须认定公权力主体的过错，只要受害人的损害是基于特定损害事由导致，在无法获得国家赔偿、国家补偿、侵权损害赔偿或其他社会保障制度救济的情况下，都可以获得社会补偿的救济。

2. 社会补偿与侵权损害赔偿制度的关系

社会补偿和侵权损害赔偿都是对损害后果的填补，具有分散风险、保护受害人合法权益的功能；但是社会补偿又有本质上不同于侵权损害赔偿的内容，主要体现在以下几个方面：一是责任属性不同，侵权责任法的调整对象因侵权行为而产生的责任关系，属于私法责任的范畴。社会补偿则属于社会福利的一部分，是在社会保障法视野下讨论的损失责任的负担和风险分配问题。二是制度基础不同，侵权责任法是建构在个人主义基础之上，主张个人责任自负，强调个人自由与自治；① 其制度目的在于实现矫正正义。社会补偿则是建构在共同体责任基础之上，主张基于社会连带、国家责任理论，通过集体的力量分配个人的风险损失，强调国家对公民生存权的保障，不必须以侵权行为、因果关系等要素作为制度要件，其制度目的在于实现社会安全与分配正义。三是责任要件不同，在侵权责任法中，归责原则是侵权法理论的核心；侵权责任的构成多以侵权行为、主观过错以及因果关系进行判断，这也是侵权责任法惩戒功能的体现。社会补偿制度中，国家责任是基于对公民的保护义务，损害原因不以侵权行为为基础，但可基于特别牺牲、基于公共利益或其他特定损害事由等所发生的利益损失获得补偿，属于非侵权行为类的补偿制度，亦无法体现惩戒功能，而是具有国家照顾保护的功能。四是补偿标准不同，侵权责任法的核心功能就是填补损害，采用完全赔偿原则，加害人对所产生的损害，应该承担完全赔偿责任。社会补偿表现为共同体责任，但要以尊重个人责任为前提，如果能够获得个人责任的补偿或赔偿，则无法获得集体责任的保护和照顾，这意味着该部分的补偿是辅助性的；此外，社会补偿是单向的行政给付，给付的资金依赖于财政，补偿标准一般采取合理相当补偿原则，之后要能够通过补偿保障受害人生命健康安全、基本生活稳定即可。五是风险分担机制不同。侵权法的结构就是一系列受保护利益、受制裁行为和制裁措施为基础的个人责任伦理原则的结构，② 风险损害的后果只能在受害人和加害人之间移转；而在社会补偿制度中，风险损害的后果不是以个人责任为基础，是由共同体责任承接，一旦没有加害人，或者加害人无力承担，共同体责任将会负担受害人的损害后果。

---

① 陈皓：《侵权法矫正正义论中的个人主义》，载《法制与社会发展》2014 年第 5 期。
② ［澳］彼得·凯恩：《侵权法解剖》，汪志刚译，北京大学出版社 2010 年版，第 257 页。

(二) 社会补偿与其他社会保障制度的关系

社会保险、社会救助、社会福利和社会补偿都是多层次社会保障制度的重要内容。在社会保障制度的制度设计中，各项具体社会保障制度都致力于提高改善民生水平，保障公民各项社会权利的实现，致力于实现社会安全与社会正义的目标；但是社会补偿与其他类型的社会保障制度并不相同。社会补偿制度在整个多层级、立体化的社会保障安全制度内具有不同的制度要素和功能价值。德国社会法根据给付原因、制度内容、给付内容、给付主体等标准将社会法分为社会保险、社会补偿、社会促进（社会福利）和社会救助四种类型。其中，给付原因表示给付目的，制度内容表示给付的分支形态，给付内容依据类型—抽象、个别—具体的性质有所差异，给付主体也就是因其是否有专属的租税高权或以租税为财源，以及系中央或乡镇而有所区别。[1] 具体如下表：

	给付原因	制度内容	给付内容	给付主体
保险	社会风险发生	退休、健康、长期照护、职灾及失业保险	抽象	特殊财产
补偿	平衡因公益之特别牺牲	照顾行政、不真正职灾保险	抽象	国家
促进	机会平等	家庭负担平衡给付、教育促进、劳动促进	抽象	国家
救助	生存最低保障	社会救助、基础保障、战争受害照顾、儿少扶助、抚养津贴	具体（劳务及实物给付）	国家及地方

我国台湾地区的学者钟秉正曾以"马戏团空中飞人的表演者"为例，形象地阐述了不同社会保障制度功能之间的差异。具体而言，若是将一个人的人生比喻成马戏团的"空中飞人"，那么社会保险就是那根

---

[1] 参见［德］艾伯哈特·艾亨霍夫：《德国社会法》，台湾社会法与社会政策学会主编，李玉君、林谷燕等译，元照出版有限公司2019年版，第13页。

"绳索"，可以维系摆荡时的风险，但表演者要预先付出，准备适合自己条件的绳索。社会救助则是表演者最底层的安全，在表演者发生意外时，可以通过社会救助保护其生命安全。社会促进制度可依据不同表演者的背景设计高低不同的"立足点"，让社会中的弱势群体拥有公平竞争的机会；而社会补偿则是基于国家保护义务的一种象征性的补助，对于个人遭受不幸时提供安慰以及鼓舞的作用。[①] 演示图如下：

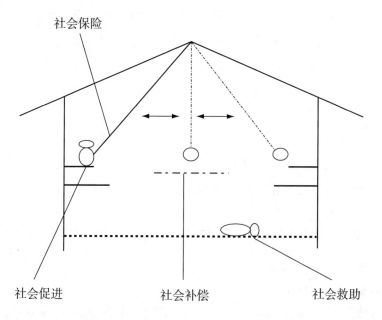

回归各项社会保障制度的概念功能来看，社会补偿与其他社会保障制度的区别主要体现在以下几个方面：

一是从是否预先缴费来看，社会保险是国家透过保险的机制预防、分担风险，需要人民提前缴纳保费，方可在特定风险事故发生后获得相应的保险给付，是一种对价性给付；而社会补偿则和社会救助一样，都不以提前缴纳费用作为权利获得的前提，只要基于特定事由遭受损失的公民都可以获得补偿，并且补偿的对象并不局限于被保险人，所有公民都可以申请社会补偿给付。

---

① 钟秉正：《社会保险法总论》，元照出版有限公司 2017 年版，第 44 页。

二是从制度功能来看，社会福利是给予全体社会成员的普惠性给付，着眼于为提高社会成员的生活状况，是以确保人民社会开展、建立机会平等的可能性为目的的国家给付。而社会补偿则是基于衡平性原因，对受害人所遭受的生命、身体、健康损害给予救济，构成社会保障制度应对意外风险事故的最后安全网。

三是从给付对象来看，社会补偿的对象可以是每位公民，并不局限于被保险人范畴，这点也是社会补偿与社会保险的显著区别。

四是从给付客体来看，社会保险应对的是年老、疾病、生育、失业等风险，社会救助应对的是低收入或无收入导致的贫困风险，而社会补偿应对的则是基于特定事由导致的人身损害，如特定的风险事故、基于公共利益、特别牺牲导致的人身损害等。

五是从给付类型来看，社会救助属于目的性给付，属于基于结果的给付，所有陷入贫困的公民都可以获得社会救助给付，无须考虑陷入贫困的原因；而社会补偿具有有因性，始终要以发生损害的特定原因为前提。此外，各项制度的区分可参见下表：①

制度模式	社会保险	社会救助	社会补偿
基本原则	保险原则	援助原则	照顾原则
保障对象	被保险人及其家属	所有公民	所有公民
给付要件	缴纳社会保险费	收入低于法定标准	法定事由导致损害
给付属性	依结果给付（养老、医疗、生育、失业） 依原因给付：需审查事故伤害的发生是否与工作相关（工伤）	依结果给付：无须审查引起贫困的原因	依原因给付：需审查损害的发生是否与法定事由相关
基金渠道	"社会保险费＋国家补贴"	税收	"税收＋社会资金"

---

① 该表格参见林嘉等：《突发公共卫生事件社会补偿制度的构建》，载《中国人民大学学报》2020 年第 5 期。

四、社会补偿的发展：国家责任扩张的历史演进

（一）侵权法的调整：损害赔偿的社会化

随着现代社会的发展，侵权法作为单一救济途径的模式，在风险事件损害的解决中遇到前所未有的挑战。尤其是在 20 世纪之后，交通事故、医疗事故、核事故、突发事件、化学产品泄漏等导致的事故损害日益凸显，大规模侵权事件逐渐出现。侵权法建立在矫正正义基础之上，为了进一步保护公众利益，开始在利益平衡之中作出调整。

首先，是在归责原则方面，侵权责任法中的归责原则经历了从结果责任到过错责任的发展，又经历了从过错责任再到多元归责原则的发展。其中，无过错责任最为典型的制度安排就是雇员伤害的损害赔偿，即劳动者在工作过程中发生工伤事故，无须追究用人单位是否存在过错。无过错责任在域外也被称为无过失责任、严格责任或危险责任。该原则建立的要义就是损害发生之时，加害人虽无过失，亦应承担赔偿责任。无过失责任制度的基本思想，是对不幸损害的合理分配，即"分配正义"①。无过错责任的建立和扩大直接促使责任保险逐渐形成及发展。在西方国家，责任保险已经广泛地适用于各类侵权损害事故中，可以使受害人获得更加便捷、更加充分的损害赔偿，最典型的制度设计就是交通事故损害赔偿制度中的保险赔偿。

其次，在侵权法的功能方面，个人责任走向没落，传统侵权法的惩罚功能和预防功能削弱，开始更加注重对受害人遭受的损害提供救济补

---

① 之所以由特定责任人负担主要基于四点理由：（1）特定企业、物品或装置的所有人、持有人制造了意外灾害（危险）的来源；（2）在某种程度上只有该所有人或持有人能够控制这些危险；（3）获得利益、负担危险，是公平正义的要求；（4）企业者虽然负担危险责任，但或由于法律对于损害赔偿设有一定最高金额的限制，或由于赔偿责任范围可以预计，可以通过商品（或劳务）的价格机能与责任保险制度予以分散。（参见王泽鉴：《民法学说与判例研究》，北京大学出版社 2015 年版，第 490—500 页。）

偿。现代的侵权损害赔偿制度更加注重受害人的损失补偿，更加注重损害后果的公平负担。事实上，当下危险责任、严格责任作为归责原则的出现，表明侵权责任法开始以分配和调整受害人的利益损失为任务，这可以被视为社会安全制度的一个类型。换句话说，无过错责任也是社会补偿制度发展的一个根源。① 侵权法主旨从惩戒到补偿的转变，或许也是社会思想变化的结果。一旦社会开始被看作一个相互依赖的社会，社会成员互负责任，如果受害人的生活影响到其他社会成员，甚至该损害成为一个社会"问题"，对受害人的补偿即成为一个政策目标。② 于是，有学者提出救济法是我国侵权责任法的主要功能，应该以该功能为中心建构侵权责任法基本架构和体系。③ 这样的建构可以有效扩大侵权法的适用对象和适用范围，更能发挥侵权损害赔偿制度的公平功能。

侵权法作为现有补偿制度之一，通过责任保险及其他分散与转移损害成本的机制，使其成为更具补偿效果的法律制度。在这方面，通过无过错责任的建立、责任保险兴起等调整，将侵权损害赔偿社会化走向极致的典范是新西兰。1972 年，《意外事故补偿法》在新西兰通过，该法使得公民的人身伤害采取全面无过失补偿规则。例如，疫苗损害的无过失赔偿计划，这是整个社会共同体为了寻求分担儿童遭受疫苗损害痛苦的一种方式。对于少数遭受疫苗损害的儿童，大多情况下无法证明疫苗损害的因果关系，按照该计划则会获得 10 万英镑的一次性补偿金，而这一金额与遭受疫苗损害儿童的实际损害需求无关，这笔钱是对疫苗接种风险的一种应对措施，即为了所有儿童的利益，有必要保持儿童在人

---

① Ulrich Becker, Soziales Entschädigungsrecht, Nomos Verlagsgesellschaft mbH & Co. KG, 2018, S. 75.

② ［美］G. 爱德华·怀特：《美国侵权行为法：一部知识史》，王晓明、李宇译，北京大学出版社 2014 年版，第 246 页。

③ 王利明：《我国侵权责任法的体系构建——以救济法为中心的思考》，载《中国法学》2008 年第 4 期。

口中的免疫比例。① 这种"广泛且普遍的无过错赔偿制度"已经基本上取代了侵权法在人身伤害赔偿领域内的适用，本质上是一个由全体国民直接或者间接共同缴费建立起损害补偿基金的保障制度，其存在的基础是无过错责任和社会保障。当这项制度慷慨地对受害人进行积极补偿，会引发极大的资金压力，以致该事故补偿法无法正常运行。此外，补偿制度运行效率低，政府财政补贴压力大，无法发挥对事故损害的预防功能等也成为这项制度的运行和实施的争议。

现代社会事故损害日益严重，单一的某一项制度并不足以解决某些人身损害的救济问题，大多数国家的侵权法律制度、社会保障制度等各类损害赔偿补偿制度的发展，都是希望最大限度兼顾"个人自由与责任"和"社会正义与安全"价值，促使多种损失救济制度并存的局面形成，即侵权损害赔偿、责任保险、社会保障制度混合的多种损害救济模式。面对当今社会意外灾害风险，一方面，我们需要检讨现行侵权损害赔偿制度的规则内容，调整内部结构体系，加强被害人的权利保护；另一方面，我们要建立更为积极的社会保障制度，共同分担损害填补责任，减轻侵权法的压力。在多元化综合性的救济体系中，对于同一种损害，可能会有多个赔偿来源。这意味着我们需要结合政治责任的要求、社会民生保障的需要、经济发展的阶段以及法律制度的协调，理性界分损害赔偿制度的制度功能和具体规则，以决定不同的损害事故应由哪项制度加以救济解决。对于特定损害事故，要重点关注社会公众的生命健康、基本生活安全的利益，在不能由个人或者企业负担或者无力负担，亦不能通过责任保险得以分散风险、获得救济的情况下，应该充分考虑将其纳入社会保险制度中，这就为社会补偿的存在和发展提供了制度设计和实践应用的空间。

---

① Carol Harlow, *Rationalising administrative compensation*, Public Law, vol. 2, 2010, pp. 321 –339.

（二）国家补偿的扩大：基于结果责任的出现

国家赔偿和国家补偿尽管在保护权利对象、赔偿标准、认定条件等内容上存在不同，但两类制度只对国家公权力行为适用。当该侵权损害行为不属于行政行为，并且所产生的损害仅仅针对公民生命、身体、健康等人身利益损害时，人民权益的损害就无法适用国家补偿，例如暴力被害人因暴力行为人无力赔偿时的损害。日本学者将损害发生的场合，虽然存在权利救济的必要性，但无法从损失补偿与国家赔偿中获得救济的情况称为"国家补偿的低谷"①。随着工厂生产的高度化，如若一直严格适用过错责任，经常会导致被害人无法获得救济，甚至诱发许多不公平救济的情况。因而，在近代国家赔偿中"无过失责任"的采用以及"责任认定的客观化"，使得国家赔偿和国家补偿呈现相对化的倾向。但是在现行行政法体系中，国家赔偿、国家补偿仍按照特定的构成要件进行认定，面对这种情况，国家又不能对空白的补偿领域置之不理，于是日本行政法中逐渐形成"基于结果责任的国家补偿"②。日本对于基于结果责任的国家补偿是否纳入行政法的损失补偿体系是持有争议的，狭义的损失补偿一是强调以财产权为限，即以《宪法》第二十九条第三款私有财产损失的补偿为依据；对于对生命、身体、健康等人身利益的损害不能以金钱来代偿，更不能以可获得补偿为理由进行侵害；二是强调损失补偿的构成要件仍然以国家行使公权力行为为限，没有公权力行为的存在则不适用于国家补偿。日本基于结果责任的国家补偿，目前很难形成统一的规则，但个别法的应对是有的。③ 例如日本刑事补偿法律对犯罪被害人的补偿制度、预防接种损害事故的补偿制度、公务灾害补偿等。基于结果责任的补偿可以在现有国家赔偿和国家补偿

---

① ［日］市桥克哉等：《日本现行行政法》，田林等译，法律出版社2017年版，第361页。

② 叶百修：《损失补偿法》，新学林出版社2010年版，第12页。

③ ［日］市桥克哉等：《日本现行行政法》，田林等译，法律出版社2017年版，第401页。

的扩张中探寻基本法理，并且该类补偿逐步呈现出由全体社会成员共同负担的效果，彰显了社会保障法的独特属性。日本对疫苗接种的国家责任采取结果责任原则，对于因接种疫苗而造成接种者死亡或者导致后遗症的损害情况，有学者形象地将其称为"恶魔抽签"[1]。如果公民在预防接种行为中，因为不幸被不良反应的"恶魔"抽中，遭受人身损害的，应当由国家对该损害予以补偿。[2]

德国的国家赔偿制度以《基本法》第十四条财产权遭受侵害为基础建构，此处的公共征收是指国家基于公益上的需要，按照法律的规定，对于侵害公民财产权导致的损害给予的补偿，以特别牺牲理论作为法理基础。国家赔偿制度以《基本法》第三十四条公务责任为基础建构，该种责任建立在过错责任基础之上。为了填补国家赔偿与国家补偿的漏洞，德国发展出类似征收侵害、具有征收效果侵害、公益牺牲请求权以及类似公益牺牲侵害等多种赔偿补偿制度，其中公益牺牲请求权是针对非财产权益的补偿，即因合法公权力之行使，侵害生命、身体、健康以及其他身体行动之自由等法益，而造成不平等的特别牺牲。该类牺牲补偿强调以下要素：首先是存在具有值得保护的非财产性利益；其次是存在行政行为，只是无须关注行政行为的适法性；再次是基于公共利益的现实需要；最后是要损害的后果达到特别牺牲的程度。[3] 由此看出，该补偿仍未摆脱公权力行为的行使，仍强调公权力行为对非财产权益侵害的因果关系性，这意味着仍未摆脱传统行政补偿的认定框架。随着德国社会国原则及社会补偿制度的发展，对于非财产权益的损害补偿制度逐渐超出传统行政补偿的领域。

行政法学视域下关于非行政行为导致的非财产权益损害补偿仍在讨

---

[1]　杜仪方：《"恶魔抽签"的赔偿与补偿——日本预防接种损害中的国家责任》，载《法学家》2011 年第 1 期。

[2]　杜仪方：《"恶魔抽签"的赔偿与补偿——日本预防接种损害中的国家责任》，载《法学家》2011 年第 1 期。

[3]　叶百修：《损失补偿法》，新学林出版社 2010 年版，第 21 页。

论，但是学者仍更愿意采取一种更为传统、严谨的观点，对于非行政行为导致的损害补偿暂不纳入行政补偿的范畴，没有必要因为结果责任的介入，破坏现有国家赔偿与行政补偿的认定体系。正如学者所言，行政上的损失补偿只是调和财产权保障与公益优先之间冲突的重要手段，其理论基础是建立在财产权保障与公共负担平等的思想之上，对于非财产权益的保障属于另一个国家补偿责任的课题。① 此外，基于公共利益的特别牺牲是损失补偿制度的主要特征，如若受害人所遭受的损失不属于因为公共利益而遭受损失的情况，则请求损失补偿的权利将无法实现。国家基于衡平性的考虑，对受害人的生命、身体、健康等损害给予经济补偿，这是符合"社会国原则"的要求，即国家对人民所受的损失给予一定的补偿，以实现社会正义，这也就构成了新的社会补偿的内容。这种新形态的补偿，已和传统行政补偿制度的法律理念和制度功能不同，因为这种新的补偿制度更加重视政治意义，具有"社会补偿"的制度属性和法律特性。② 此外，现代人不仅在国家管制和干预下生活，而且也要由国家保障生活；国家为了实现社会安全，致力于成为公民生存保障的保证者。若按照行政权的主动和被动，国家责任可以分为积极责任和消极责任。其中，积极责任是指受害人遭受损害的原因并非直接来源于行政行为，而是基于社会国理念，由行政机关对受害人损失进行主动填补。其中，大部分与社会福利及社会安全制度有关，如社会救助、劳动法领域的职业灾害补偿，以及基于社会正义公平的衡平给付，如因战争、犯罪被害人、传染病以及其他显失公平情形下的补偿。③ 因而，从国家责任的属性层面来看，尽管行政法中基于结果责任的国家补偿与社会保障法的性质存在一定的融合，甚至在典型立法范畴列举中存

---

① 叶百修：《损失补偿法》，新学林出版社 2010 年版，第 28 页。

② 陈建良：《损失补偿》，载翁岳生编：《行政法》（下册），中国法制出版社 2009 年版，第 1736 页。

③ 李震山：《论行政损失补偿责任——以行政程序法之补偿规定为例》，载台湾行政法学会：《损失补偿行政程序法》，元照出版有限公司 2005 年版，第 123 页。

在交叉，但二者仍然存在诸多的不同。

由于现代社会的风险源自社会活动，社会分工的强化形成更加紧密的社会连带关系，如果人民所遭受的损害不能因为国家赔偿或补偿制度获得救济，国家可以根据特定的损害原因和损害结果给予特定标准的补偿，这种基于结果责任的、以国家、社会整体力量分担受害人的风险与损失不仅有利于公民个人权利的保护，也更加有利于社会整体的安定有序。对于基于结果责任的国家补偿部分，是应该放入行政补偿内研究，还是纳入社会保障法的领域研究，并不阻碍非公权力行为对非财产权益损害的补偿问题研究，这是一个立法技术和立法政策的选择。正如学者所言，在行政法中，即便将所谓衡平补偿列入，亦不过是个点缀；而社会保障法中所容纳之社会补偿，则为一个顶级的制度，被置于整个社会保障法律体系中进行协同构建，意在充分发挥其功能，全面应对社会成员面临的社会风险。①

（三）社会保障法的丰富：社会补偿的独立发展

社会法的概念是基于社会风险，如疾病、就业失能、职业灾害、年老、死亡、生育，基于公益牺牲的需求以及收入短缺而建构，宣示市场机制之外国家对个人、家庭的生存保障以及权益保障，国家成为社会安全的维护者，成为个人、家庭生存的保护者。② 按照德国社会法建构理念，整个社会国是以劳动社会为基础建构的，社会安全制度的首要任务就是在市场经济的发展背景下，人民以自主决定工作为基础的生活形态，保障所有人能够以个人力量获得有尊严的生活，从而实现个人的自由。德国虽然没有使用"社会保障"的概念，但社会法所涵盖的内容以及对于公民生存权保障的内容远远高于世界其他国家社会保障法制

---

① 郑尚元主编：《社会保障法》，高等教育出版社 2019 年版，第 60 页。
② 参见［德］艾伯哈特·艾亨霍夫：《德国社会法》，台湾社会法与社会政策学会主编，李玉君、林谷燕等译，元照出版有限公司 2019 年版，第 10 页。

度，因为德国所表达的社会法正是社会保障的范畴；因而，德国社会法体系对我国社会保障法体系的构建亦具有借鉴意义。

社会补偿兴起于德国，德国社会补偿制度的形成与战争受害人的国家照顾密切相关。中世纪封建制度下的军队更像是具有冒险性的创业，无论谁参加战争，都需要自己准备装备，不得不冒着危险获得战利品。进入专制阶段后，国家建立了常备军，统一发放服装，统一安置军营，国家就自动具有了维护军人的义务。国家开始将对战争中伤残甚至牺牲的军人给予优待抚恤和再社会化，包括对寡妇和孤儿的支持，以及遭受战争影响的人的重建和补偿作为战争的次要现象。① 此时，需要对战争及其后果负责的不再是家庭、单位、领土主，而是国家。国家开始为退伍军人提供补偿，或者通过将退伍军人安置为农民、雇用新兵、教师和其他低级公务员等方式提供福利，并为其减免税收等。例如 17 世纪，德国王室通过自己的伤兵医院与年金来照顾因战争生病与受害的军人，对战争遗属给予特定的国家照顾；1768 年，普鲁士国王腓特烈二世昭告：对于为整体利益而牺牲其肢体、健康、生命的军人，基于他承受的风险，享有请求权。② 这样以战争及其后果为导向的军人补偿走出两个阶段，第一阶段是类似国家公务人员的专业军队的优待抚恤，第二阶段是战争对平民的影响开始走向补偿。前一阶段延伸发展为有关职业士兵工资待遇抚恤的规定，包括残疾下的优待抚恤、寡妇孤儿的照料，但这是建立在服务关系的基础之上，这部分内容似乎与社会法相分离；但后一阶段逐渐淡化专业军队和普通民众的区别，开始对所有承担战争负担的人进行补偿，并逐渐融入社会法的体系之中。后一阶段的发展得益于19 世纪后义务兵役制的普及。普通平民参加战斗和专业士兵之间的身份差异缩小，二者主体都是国家的组成部分。除了对军队的优待抚恤，

---

① Michael Stolleis. *History of social law in Germany*, Springer Berlin Heidelberg, 2013, p. 89.

② 参见［德］艾伯哈特·艾亨霍夫：《德国社会法》，台湾社会法与社会政策学会主编，李玉君、林谷燕等译，元照出版有限公司 2019 年版，第 308 页。

国家还必须为"应征入伍者"及其家属提供补偿，整个国家是通过社会立法保护所有公民免受战争后果的影响，这意味着战争也给国家带来了责任和义务。

1920 年《帝国照顾法》（Reichsversorgungsgesetz，简称 RVG）规定，德国对于军人及其幸存者提供的福利应以损害作为新的法律基础，而不是过去以服务关系作为基础；对于健康遭受损害的军人所提供的优待抚恤应以所遭受的损害程度来计算，之前士兵和军官之间的等级差异不再适用；还提供了对平民人口损害的补偿（尽管仍在讨论：平民遭受的损害是自己的命运由自己负担，还是应由国家基于公平义务提供补偿）。① 1950 年德国颁布《联邦优抚法》（Bundesversorgungsgesetz，简称 BVG），确定了国家对战争受害者生活照护的责任，该法成为严格意义上对战争受害者补偿的法律。1957 年德国颁布《军人优抚法》（Soldat-enversorgungsgesetz，简称 SVG），将对军人及其幸存家属的补偿纳入其中。《联邦优抚法》规定当事人可以申请获得补偿的情况包含三种，一是因军事或者类似军事事务而健康受损的；二是执行军事或类似军事事务时，发生意外而导致健康损害的；三是与军事事务有特殊关系所导致的健康损害。对于战争俘虏或受拘禁导致的损害也适用于该范围。② 《军人优抚法》规定，因服兵役导致健康损害的，士兵及其家属可以获得补偿；对于遭受兵役损害的平民和受害者的幸存家属也应得到照料。③ 本法所称的"兵役损害"是指因服兵役，在服兵役期间发生的事故或因服兵役所特有的条件而对健康造成的损害；对于戴在身体上的，如眼镜、假牙等身体辅助器具造成的损害也视为对健康的损害。而士兵自身故意损害自己健康的不属于获得补偿的情况。④ 本法所称的"健康

---

① Ulrich Becker, Soziales Entschädigungsrecht, Nomos Verlagsgesellschaft mbH & Co. KG, 2018, S. 50.

② 《联邦优抚法》第一条。

③ 《军人优抚法》第八十条。

④ 《联邦优抚法》第八十一条。

损害"主要包括三种类型：一是因兵役勤务行为所生的损害；二是因兵役勤务意外所生的损害；三是因与勤务行为有关的损害。① 1955 年 4月，联邦劳工大臣内阁提案中指出："德国整个社会福利体系与两类社会事实有关，一是由于生活反复变化而产生的社会事实，如疾病、失业、工作事故与职业病、死亡、生育等。二是由于战争而产生的社会事实，如受战争迫害导致的流离失所等后果；共同体通过社会保险等机制，提供照料，应对上述两类事实的发生。"② 基于该理念，德国以战争受害者的照顾制度为基础，将生活照顾逐渐拓展至非战争受害领域，如传染病与疫苗接种损害赔偿、犯罪受害人补偿等，逐渐形成社会补偿之范围。

德国在建构社会补偿制度之初，不以社会保险制度中已有的意外保险为基础继续发展，而是由战争受害者的补偿来建构相关措施，这属于立法政策的决定，德国学界也对此项决定有过疑虑，因为战争受害者补偿原本就是为了抚平战争时期所产生的创伤，较难适用于和平时期的一般需求，但是随着补偿制度的逐渐完善，这一疑虑逐渐减少，后来就认为战争补偿制度是社会补偿制度的起点，至少与意外保险相辅相成。③而后，日本开始借鉴德国社会补偿制度，引入犯罪被害人保护、传染病预防与疫苗接种损害等制度。目前，以德国为代表的社会补偿主要涉及以下类型：

1. 战争受害者补偿制度

在战争时代，战争皆由国家发起，战争导致被害人伤亡，国家未尽到保护义务，理应承担补偿责任；而在和平年代，国家独占法权、刑权，持有攻击性武器，并承担遏制私力报复、维持治安之职责，战争受

---

① 钟秉正：《社会法之理论与应用》，元照出版有限公司 2018 年版，第 130 页。

② Ulrich Becker, Soziales Entschädigungsrecht, Nomos Verlagsgesellschaft mbH & Co. KG, 2018, S. 16.

③ 钟秉正：《社会法之理论与应用》，元照出版有限公司 2018 年版，第 117 页。

害者获得相应的社会补偿乃国家责任的间接体现。[①] 遭受战争影响的补偿义务来源于服兵役所产生的危险情景，如战争受俘、受拘禁等行为，与遭受的人身损害之间存在因果关系。[②] 当然如果损害是由于自身原因过错行为引发的，则视为欠缺因果关系。战争受害者补偿请求权是指任何遭受与两次世界大战之一有关的战争事件导致的健康损害，承担经济后果的人都有权获得社会补偿。[③] 如果受害人在国家治理期间违反人道或法治原则，则将丧失社会补偿的权利。

2. 疫苗预防接种损害补偿制度

德国将获得疫苗损害赔偿的权利视为一项基于牺牲的法定权利，国家负有强制性的给付义务。[④] 尽管接种疫苗同样服务于接种疫苗者，但其强制性接种命令背后首先反映的是预防疾病传染风险的社会普遍利益。[⑤] 换句话说，疫苗受种者负有接种疫苗的义务，但无须忍受接种疫苗带来的严重人身损害。德国《社会补偿法》规定，超出对疫苗接种或其他特定预防措施的一般通常反应程度而健康损害的人都可以获得社会补偿。[⑥] 其中，"疫苗接种"是指为了防止传染病传播而接种的疫苗；"其他特定预防措施"是指为了预防某些传染病的传播而给予的抗体（被动免疫预防）或给予的药物（化学预防）；"疫苗接种损害"是指对健康的影响超出了通常的疫苗接种反应水平；如果接种了可繁殖的病原体导致接种疫苗者以外的人受到伤害，则也适用。[⑦] 这些疫苗接种或其他特定预防措施来自最高卫生管理部门，根据常规疫苗接种委员会发

[①] 郑尚元主编：《社会保障法》，高等教育出版社 2019 年版，第 318 页。

[②] Ulrich Becker, Soziales Entschädigungsrecht, Nomos Verlagsgesellschaft mbH & Co. KG, 2018, S. 66.

[③] 德国《社会法典》第十四编第二十一条。

[④] Ulrich Becker, Soziales Entschädigungsrecht, Nomos Verlagsgesellschaft mbH & Co. KG, 2018, S. 118.

[⑤] Ulrich Becker, Soziales Entschädigungsrecht, Nomos Verlagsgesellschaft mbH & Co. KG, 2018, S. 96.

[⑥] 德国《社会法典》第十四编第二十四条。

[⑦] 德国《传染病预防与保护法》（BGBl. Ⅰ 2020 S. 2397）第二条。

布的疫苗接种或其他特定预防措施的公共建议；也可来自卫生管理部门免费为预防某些传染病而采取的疫苗接种或其他特殊预防措施；还可以来自联邦卫生部根据联邦理事会的法令或授权，或者州卫生部门根据州政府的授权，强制受威胁人群进行疫苗接种或采取其他特定的预防措施。[1] 遭受预防接种疫苗和其他预防措施导致健康损害的主体主要包含四类：一是国家相关主管机关公开推荐接种的。该种类型是目前最为普遍的情况。联邦卫生部下设罗伯特·科赫研究所，该研究所下设预防接种委员会，专门负责为保护性疫苗接种及为预防传染病的其他预防措施的实施提供建议，制定区分普通疫苗接种反应和超出普通疫苗接种反应程度的健康危害的标准；该委员会的具体建议将通过罗伯特·科赫研究所报送联邦卫生部及各州最高卫生主管机关，然后再由各级卫生主管机关对外发布。[2] 例如白喉、破伤风、百日咳、麻疹、水痘等疫苗的接种。二是法律规定的疫苗。该条是指已被废止的天花预防接种所产生的损害。[3] 三是授权法规的规定。主管部门若认为某种传染疾病在临床上难以控制，或者预期可能会传播，可以颁布法规要求人民接种指定的疫苗。四是基于国际卫生公约规定的。[4] 目前只有水痘的疫苗预防接种属于这种。[5] 对于健康损害的认定，一般认为只要产生了健康损害后果的可能性即视为因果关系成立；但如果因为医学技术的原因导致疾病的原因不能确定，则需要经过各州最高卫生管理部门的同意，确认构成一般意义上的因果关系，方可构成对健康损害的认定。[6]

3. 暴力行为受害者补偿制度

暴力行为受害者补偿是普遍被认可的社会补偿，在大多数的发达国

---

① 德国《传染病预防与保护法》（BGB1. Ⅰ 2020 S. 2397）第二十条第三至七款。

② 德国《传染病预防与保护法》（BGB1. Ⅰ 2020 S. 2397）第二十条第二款。

③ 钟秉正：《社会法之理论与应用》，元照出版有限公司 2018 年版，第 130 页。

④ 德国《传染病预防与保护法》（BGB1. Ⅰ 2020 S. 2397）第六十条第一款。

⑤ 参见［德］艾伯哈特·艾亨霍夫：《德国社会法》，台湾社会法与社会政策学会主编，李玉君、林谷燕等译，元照出版有限公司 2019 年版，第 314 页。

⑥ 德国《传染病预防与保护法》（BGB1. Ⅰ 2020 S. 2397）第六十一条。

家都采用该制度，至少都认为这不是个人损害赔偿责任，而是属于集体损害赔偿责任，属于社会法的范畴。[①] 德国于 1976 年通过《暴力行为受害者补偿法》（Opferentschadigungsgesetz，简称 OEG），为该国暴力犯罪被害者补偿提供了法律依据。本法规定补偿适用的范围是在德国范围内、德国船只或飞机上，对于因违法行为或因合法的防卫行为而遭受健康损害的人都有权获得补偿。这里的"健康的损害"包含对戴在身体上的，如眼镜、假牙上的辅助器具的损害，该条不适用于犯罪行为人通过机动车辆或拖车造成的物理攻击而造成的损害。[②]

德国《社会补偿法》在适用范围上进一步区分，对于暴力行为的损害分为两种类型：一是直接的人身安全法益损害，即故意、非法、直接侵害他人人身安全行为或者因合法防卫行为而遭受人身损害的；二是精神暴力损害，即故意、非法、违背他人自由意志而实施的严重精神暴力行为。这里严重行为指性虐待（《刑法典》第一百七十四至一百七十六 b 条）、性胁迫、强奸（《刑法典》第一百七十七至一百七十八条）、贩卖人口（《刑法》第二百三十二至二百三十三 a 条）、劫持人质（《刑法》第二百三十九 b 条）或敲诈勒索（《刑法》第二百二十五条）或至少同等严重程度的其他犯罪行为。[③] 此外，投毒行为，迫使目标被害人以外的其他人遭受损害的行为，以错误事由发起的暴力行为，过失危险行为，对儿童疏忽的行为以及根据《刑法典》第一百八十四 b 条第一款、第二款、第三款和第四款制作、传播和公开宣传儿童色情制品的行为等都视为同等暴力行为。[④] 总体来说，暴力行为既不以行为人的认知，亦不以暴力指向某特定人为前提，当行为人的损害行为并非故意时，纵然发生打击错误仍然要给予补偿，其可以从行为的外观情况推

[①]　Ulrich Becker, Soziales Entschädigungsrecht, Nomos Verlagsgesellschaft mbH & Co. KG, 2018, S. 107.

[②]　《暴力行为受害者补偿法》（BGB1. Ⅰ 2020 S. 811）第一条。

[③]　德国《社会法典》第十四编第十三条。

[④]　德国《社会法典》第十四编第十四条。

知，源自身体损害的精神损害亦会得到补偿。当非法侵害的法益不是生命法益，而是受害者的所有权法益则不算此处的暴力性侵害。对于儿童的性犯罪行为，并不以身体上的暴力行为为前提，在受害者欠缺意思表示或理解时即为成立，因为这些犯罪会给受害者造成心理上、身体上的疾病。若是一行为尚未构成刑罚要件（刑法构成要件达成前的行为），则不得被当作暴力侵害。① 如果损害是由于受害人自身导致的，或者基于受害人不合理的行为引发的损害，则不属于暴力补偿请求权的范畴。②

我国台湾地区 1998 年制定《犯罪被害人权益保障法》是通过社会团结措施，将社会对弱者的慈善转化为制度，以保障人民权益，实现社会安全。2009 年，台湾对《犯罪被害人权益保障法》进行修正，主要增加"性侵害犯罪被害"的补偿依据；2013 年 4 月修订增加"犯罪被害人扶助金"内容。因犯罪行为被害而受重伤者（死亡者可通过遗嘱）可以向当地法院申请犯罪被害补偿金，包含遗嘱补偿金、重伤补偿金、性侵害补偿金等。③ 该扣减的做法导致在实际个案中，犯罪被害人最后能收到的补偿金额通常不多，象征性的意义更大。于是，在 2013 年的修改中删除第一条关于"减除社会保险给付"的规定。④

4. 药害补偿制度

随着医药生物的发展，各类药品为人类疾病预防控制作出了巨大贡献，但由于药物引发的人身健康损害也不断出现。导致发生药害事件的原因有很多，如药品自身质量缺陷；合格药品因医生或者患者等人为错误的使用以及正常合理使用药物而发生不良反应等。本书中讨论的药害

---

① 参见［德］艾伯哈特·艾亨霍夫：《德国社会法》，台湾社会法与社会政策学会主编，李玉君、林谷燕等译，元照出版有限公司 2019 年版，第 314 页。

② 原为德国《暴力行为被害人补偿法》（OEG）第二条第 1 款的规定，该法给整合纳入德国《社会法典》第十四编。《社会法典》第十七条第 1 款对此有类似表述。

③ 支付标准以个案的必要支出为限度，补偿金额度减除社会保险之给付、损害赔偿给付或以其他法律规定得受之金钱给付。

④ 钟秉正：《社会法之理论与应用》，元照出版有限公司 2018 年版，第 144—145 页。

事件属于最狭义的药害损害，仅指按照药品说明书正常合理使用药物而发生不良反应致人生命、健康发生损害的事件。药物不良反应是不可预期的风险，一般属于意外事件，而非是产品缺陷。① 在药品的投放过程中，尽管已经有大批量的临床试验，但受制于个体差异以及现有医学技术水平的认知，始终都无法完全克服药品所谓"小概率"的不良反应。因为一旦发生损害事故，这个损害后果"大概率"会给患者带来严重的生命、健康损害。我们既不能因噎废食不再进行医学药品研发，也不能因为没有不法侵害行为，而将损害后果交由受害人独自承担。国家需要对经过自己批准、合法流通的药品所发生的"小概率"不良反应承担后果。于是，各个国家开始发展针对合格药品的损害救济制度。一般而言，基于国家安全保护的理念，药害救济能够在不存在侵权责任主体的情况下，由国家迅速为受害者提供医疗救治、康复理疗以及生活维持的照顾，保障受害人生命、健康安全。

瑞典、德国、日本是最早建立药害救济制度的国家，大都源自20世纪60年代反应停（Thalidomide）致胎儿畸形的事件。我国台湾地区肇因于1997年使用抗菌药物"适扑诺（Sporanox）""疗霉舒（Lamisi)"引发的多起肝中毒不良反应事件以及1998年血友病患者因使用遭到污染的血浆制剂，感染人类免疫缺乏病毒事件，促使社会大众开始广泛关注药物安全与药害问题。② 后于2000年制定《药害救济法》，③ 尽管名字为药害救济，但具有社会补偿的属性。本法第十三条规定了不得

---

① 参见宋跃晋：《论药物的损害救济——以药物不良反应为视角》，载《河北法学》2014年第9期。

② 高宁若：《药害救济制度的意义、应用与成效》，载《月旦医事法报告》2017年第5期。

③ 第3条指出，"药害"是指因药物不良反应致死亡、障碍或严重疾病；"合法药物"是指领有主管机关核发药物许可证，依法制造、输入或贩卖之药物；"正当使用"是指依医药专业人员之指示或药物标示而为药物之使用；"不良反应"是指因使用药物，对人体所产生之有害反应；"障碍"是指符合身心障碍者保护法令所定障碍类别、等级者；但不包括因心理因素所导致之情形；"严重疾病"是指主管机关参照全民健康保险重大伤病范围及药物不良反应通报规定所列严重不良反应公告之疾病。

申请药害救济的情形。① 主管机关可参照国际归类定义，将不良反应发生率大于或等于1%作为判断"常见""可预期"的标准。② 此外，医生告知病人药品的不良反应并不能成为申请药害补偿的排除事由。尽管"告知后同意"的法理是保障人格权中"自己决定权"，但是法律效果应只限于拘束当事人之间，运用在医疗行为上，病患受告知后之同意，此同意应该只在医病之间有效。补偿机关不能以病人被"告知后同意"获得预见药害的可能，而拒绝救济；这种论述误将对人格权的保护机制，作为排除药害救济的理由，并不周全。③

5. 因公益行为遭受损害的补偿制度

德国整个职业灾害保险制度以预防、康复和补偿为目的。④ 德国的职业灾害保险分为两类，一类是真正职业灾害保险，即针对劳动者及其同等地位的被保险人，因发生与工作相关的损害而提供的损害救济；另一类则是非真正职业灾害保险，这一给付主要是针对从事具有公共利益行为而发生意外导致生命健康受损的人，例如一般人民因为急难救助、血液器官捐赠、志愿服务以及其他基于公益目的所生损害。尽管前述两者都是通过《社会法典》第七编《职业灾害保险》（Siebtes Buch Sozialgesetzbuch-Gesetzliche Unfallversicherung，简称SGB Ⅶ）中的条例进行救济，但是职业灾害救济基金主要来源于雇主，非真正职业灾害保险的基金来源于国家；通过公法上的国家给付责任来分担个人的人身损害，且国家给付是基于公共利益而从事之行为所生的损害。尽管非真正职灾保

---

① 第十三条规定不得申请药害救济的情形：一、有事实足以认定药害之产生应由药害受害人、药物制造业者或输入业者、医师或其他之人负其责任；二、本法施行前已发现之药害；三、因接受预防接种而受害，而得依其他法令获得救济；四、同一原因事实已获赔偿或补偿。但不含人身保险给付在内；五、药物不良反应未达死亡、障碍或严重疾病之程度；六、因急救使用超量药物致生损害；七、因使用试验用药物而受害；八、未依药物许可证所载之适应症或效能而为药物之使用；九、常见且可预期之药物不良反应；十、其他情形。

② 元照研究室：《释字第767号解释——药害救济案》，载《月旦法学教室》2018年第194期。

③ 邱玟惠等：《用药安全——谁的效益、风险与责任？从司法院释字第767号解释与药害救济制度谈起》，载《药物安全简讯》2019年第65期。

④ 德国《社会法典》第七编第一条。

险给付的范畴或规范与其他传统的社会补偿制度存在细微差异，但不足以赋予二者不同的制度属性。因而，非真正职业灾害保险通常也被视为社会补偿制度的一部分，是国家对于因公益利益活动而遭受损害的人给予的保护照顾义务，从法理基础和补偿给付规则来看，名为保险，实为补偿。当前非真正职业灾害的补偿主体主要包括以下几种类型：

一是服务于非营利组织机构工作的人员，如在卫生保健机构、社会福利机构工作的人员，尤其是免费自愿从事社会福利工作的志愿者。①

二是在发生危险事故或紧急危险情况时主动提供帮助的人、将他人从危险环境中救出的人，如捐赠血液、器官组织者，或为了捐赠血液、捐赠器官组织做初步检查者，或者捐赠血液、器官组织后继续采取各类措施者；如采取行动追捕、逮捕刑事犯罪者的人，或保护受到非法攻击者的人；如在急救服务部门进行急诊活动者。② 但是正如汽车司机为了避免发生与目标车辆碰撞而产生的自我伤害则不属于社会补偿的情况，此类中的补偿不仅是保障急难救助者，也包括减轻急难救助措施的受救助者的责任，毕竟急难救助者的责任风险不应由救助者自行负担。但是若基于私法契约上的附随义务必须提供救助者，则不适用本条所说的补偿。③

三是公法人中从事志愿服务的人。如依法设立的公法人社团、基金会等机构活动的志愿者，或者私法人机构经过主管部门书面批准后开展活动的志愿者；公法上的宗教团体活动的参与者，或者私法人宗教团体经过主管宗教团体书面审批许可后开展活动的志愿者。④

四是需要做证的人。公检法机构为了举证而传唤的证人。⑤

---

① 德国《社会法典》第七编第二条第一款第九项。
② 德国《社会法典》第七编第二条第一款第十三项。
③ 参见［德］艾伯哈特·艾亨霍夫：《德国社会法》，台湾社会法与社会政策学会主编，李玉君、林谷燕等译，元照出版有限公司2019年版，第325页。
④ 德国《社会法典》第七编第二条第一款第十项。
⑤ 德国《社会法典》第七编第二条第一款第十一项。

五是从事全球开发援助者或者志愿服务者。根据《发展援助人员法》提供发展、筹备服务的人员；根据联邦经济合作与发展部指令从事全球支援服务的人员。①

六是幼儿园儿童、学生和大学生。幼儿园就学的儿童、普通或职业学校就读的学生以及高等教育机构在读的大学生，在上课前、上课后、接受教育培训过程中或者从事学校要求的各项活动中遭受意外损害也属于补偿的范畴。② 例如，老师要求学生准备生物课需要观察的材料，学生在材料采集过程中遭受的损害；学生参加学校举办的旅游活动，若是在校外住宿中从床上摔下来造成的损害；私立学校的学生若是有前述情况也属于补偿的对象；但如果属于侵权法上的损害赔偿事件则不适用。③

---

① 德国《社会法典》第七编第二条第三款第二项。
② 德国《社会法典》第七编第二条第一款第八项。
③ 参见［德］艾伯哈特·艾亨霍夫：《德国社会法》，台湾社会法与社会政策学会主编，李玉君、林谷燕等译，元照出版有限公司2019年版，第327页。

社会补偿中国家责任的界分

一、国家保护义务的兴起与体现

（一）社会法治国的兴起与国家保护义务的扩张

17—18 世纪，建立在古典自由主义基础上的国家是对"警察国家"的革新，国家行政应当限于维护公共安全和秩序，而不能采取社会塑造和生存照顾的方式，因此被称为权利守护国家。① 维持社会公共秩序，保障公民个人自由与权利成为国家任务的重要内容。关注公民消极自由的保障，国家只能在有限的范围内允许干预个人自由，以法律的手段限制国家权力成为法律关注的焦点。这意味着国家只能强调私人自治，对于公民所在的社会以及经济生活领域则采取放任的立场。这一阶段，国家角色也被定位为"夜警"。

进入 19 世纪中叶，随着工业革命和科技发展的迅猛发展，人类进入工业社会，由工业化引发的各类社会风险不断增多，工业事故、疾病、失业、贫困等社会问题日益凸显，社会成员之间经济不平等加剧，人们赖以生存的空间以及生活资源无法自给、无法公平分配，人民愈加依赖集体和国家，建立在自由主义基础上的最小限度的国家干预陷入困境。承认每一个国民皆应拥有最起码的生活权利之思潮也渐渐出现。各种形式的社会基本权利，都是期待国家要有积极的行为，来促使这些权利的实践。② 国家需要更为积极地介入社会经济生活领域，通过积极的"社会政策"来贯彻"社会公正"，由此形成"社会国家"，社会国家目标的实现仍然在于维系人民的自由与权利，使社会经济上弱者享有行

---

① ［德］汉斯·J. 沃尔夫等：《行政法》（第三卷），高家伟译，商务印书馆 2007 年版，第 76 页。

② 陈新民：《德国公法学基础理论》（下册），山东人民出版社 2001 年版，第 688—690 页。

使自由权的基本条件与地位，而不是破坏社会自主自律的基本社会结构。① 社会法治国和公民基本权利的保护思想逐步的兴起和发展，促使国家任务不再局限于"干预行政""侵害行政"，而是转为"给付行政"；即国家将高高在上的"福利照顾"转变为作为国家义务的"生存照顾"，为公民提供维持人格尊严的基本生活条件，行政活动的重点从秩序延伸到给付。国家角色不再是"夜警"，而是转变为"给付主体"。整个行政法的任务并不囿于公民消极自由之保障，还要积极重塑社会，满足社会公共利益的需要，实现社会公平、正义、和谐与保障社会安全。②

进入 20 世纪后，德国以社会保险为核心的社会法开始进入成熟阶段，英国开始探索贝弗里奇模式的社会福利国家；美国罗斯福新政开始构建社会保障法制度。国家角色落实在具体制度层面就是，国家开始努力为公民建立起"由摇篮照顾到坟墓"的保障制度。"二战"后科技的迅猛发展、经济快速成长，全球经贸往来加剧，大量与工业化相关的不确定性风险日渐突出，尤其是这些不确定的风险给人民的生命健康安全、基本生活安全带来极大的威胁。传统社会向现代社会的转变意味着危机、危害、不幸的根源不再由天命来负担，而是由社会秩序来负担和担保。③ 这意味着国家努力维护受害人的生存权，保护受害人的人格尊严，毕竟这是人作为人之地位关系以及融入社会共同生活结构中的权利。社会国是以实现社会正义和社会安全为目的，其中，社会正义强调国家对社会经济资源、社会负担作出合理、公平的再分配；④ 而社会安

---

① 詹镇荣：《社会国原则——责任主体、类型及界限》，载《月旦法学教室》2006 年第 42 期。

② 曾赟：《风险社会背景下行政法范式的流变：预防行政概念的提出》，载《社会科学战线》2010 年第 7 期。

③ 刘小枫：《现代性社会理论》，上海三联书店 1998 年版，第 49 页。

④ 谢荣堂：《社会法治国基础问题与权利救济》，元照出版有限公司 2008 年版，第 13 页。

全强调"生活变故"与"社会风险"问题以"社会给付"的方式解决。[1]

社会保障制度的发展演进离不开社会保障"人人为我,我为人人"的全体社会成员之间的社会连带。社会保障制度就是要修正过去以个人主义为中心的精神,强调互助与所得重分配的精神,以体现社会共同需求与社会相互分工的真正意义;同时通过平衡、调配强势群体和弱势群体之间的利益,实现对不确定的弱势群体的保护,以此保障社会全体成员具备"有尊严的生活"的能力和条件,实现全体社会成员的基本生活安全与有序。社会保障法是以保障基本生存、实现社会正义、维护社会安全为目的的法律,具有对特定风险损害预防、分散、补偿、救济的功能,构成社会安全网。现代社会风险损害的多元性、社会性、严重性又对现有的社会保障制度提出更高的要求,迫切希望通过完善社会保障制度,填补特定风险导致的公民生命、身体、健康、基本生活等非财产的损害,尤其是公民个人利益不能被追求公共利益的政府行政过度损害。[2] 这意味着如若个人因为社会公共利益、国家利益而遭受人身损害时,国家需要在生存权保障理念之上进行补偿和修正。

(二) 我国法律体系中国家保护义务的体现

现代社会分工的强化导致社会交往的日益频繁,人们也越来越依赖于从社会取用相关的生存资源,形成了"社会连带性"。传统静态化的危险防御无法应对动态化的风险损害,毕竟风险损害具有极大的持续性,高度的或然性,其本身已经超越了所谓违法与合法的边界,因而,宪法观念的转变转化落在法律制度层面,就表现为从消极的危险防御转变为积极的社会风险规制,不断调整、扩张的立法体系恰恰证明这点。

---

[1] 詹镇荣:《社会国原则——责任主体、类型及界限》,载《月旦法学教室》2006 年第 42 期。

[2] 曾赟:《风险社会背景下行政法范式的流变:预防行政概念的提出》,载《社会科学战线》2010 年第 7 期。

尽管我国在风险损害中缺乏明确的国家安全保障责任，但是在现有的立法体系中，仍存在分散的制度实践，毕竟各类风险损害的救济是对生命权、身体权、健康权的救济，是对公民人权的关注，也是社会公平、社会正义的应有之义。

在民事侵权领域，现代社会风险事故的频发以及大规模侵权的出现，使得侵权法重新审视对过错的惩罚功能，开始着眼于受害人的损害救济，关注侵权法的社会功能。为了弥补侵权责任法中过错责任的不足，发挥损害填补功能，侵权法逐步产生了无过错责任，某些侵权损害逐渐走向社会化，最为典型的就是道路交通安全事件。我国实施强制责任保险制度与道路交通事故社会救助基金制度，建立起交通事故受害人多元化的救济措施，这有助于保障交通事故受害人遭受损害时的合法权益。尽管该救助基金使用"救助"二字表达，但在制度设计上，则是对受害人生命健康安全的保障，已经具有社会补偿的属性，属于新型的分担风险的社会保障的制度。

在刑事犯罪的损害补偿方面，我国建立起司法救助制度，受害人如若遭受犯罪行为的侵害，而犯罪行为人又无力承担损害赔偿时，将由国家对受害人给予一定的救济。2005 年 12 月，《关于切实解决人民法院执行难问题的通知》由中央政法委发布，该通知明确要求各地可积极探索建立特困群体案件执行的救助基金。2007 年 1 月，《关于为构建社会主义和谐社会提供司法保障的若干意见》由最高人民法院印发，该通知要求完善司法救助制度，研究建立刑事被害人国家救助制度。司法救助开始与刑事被害人的权利救济走向趋同。2013 年，党的十八届四中全会通过的《中共中央关于全面推进依法治国若干重大问题的决定》对"完善人权司法保障制度"和"健全国家司法救助制度"提出了新的要求。2015 年 12 月，中央政法委等 6 部门印发《关于建立完善国家司法救助制度的意见（试行）》，该意见的出台，实现了被害人救助与涉法涉诉信访救助等专项救助的合并，促使我国司法救助逐步制度化和规范化。[1] 以此为基础，2016 年 7 月，最高人民检察院发布《人民检察院国家司法救助工作细则（试行）》，最高人民法院发布《关于加强和规范人民法院国家司法救助工作的意见》，这些规范的相继发布，促使司法救助的规范化、制度化、法治化大幅提升。

在基于特别牺牲原因导致损害方面，如我国建立的军人优抚制度。军人保障制度属于现代社会发展的产物。军人及其家属是为了国家安全、社会安全，为了国防建设和军队建设作出特殊贡献的群体。相较于其他社会成员，军人因为从事国防所需要的劳动，可能会面临更高遭受人身损害的风险，理应获得国家和社会的尊重和优待。"国无防不立，民无兵不安"。国家对军人及其家属、遗属的优待抚恤，是对支持国家国防事业发展而遭受特别牺牲人民的补偿，有助于弥补战争与军事活动对特定群体造成的损害，有助于巩固和提高军人的社会地位，鼓励人民积极支持国防发展，也有助于支持国防建设、巩固国家安全，维护社会安定。新中国成立之初，我国就逐步建立起军人优待抚恤政策与制度。如政务院于 1950 年颁布的《革命军人牺牲、病故褒恤暂行条例》《革命工作人员伤亡褒恤暂行条例》等，初步建立起了以军人及其家属遗属为对象的优抚制度。党的十一届三中全会以后，我国建立更为完整的军人优抚制度内容体系。如《中华人民共和国军人保险法》明确规定国家建立军人保险制度，并与社会保险制度相互衔接，与经济社会发展水平相适应；《中华人民共和国现役军官法》《退役士兵安置条例》《军队转业干部住房保障办法》等，对军人退役后的安置问题作出规定，我国军人优待抚恤的体系基本得以构建。《军人抚恤优待条例》对军人

---

[1] 徐日丹：《健全司法救助制度　让困难当事人感受到司法温暖——法学专家评议〈关于建立完善国家司法救助制度的意见（试行）〉》，载《检察日报》2015 年 12 月 8 日。

抚恤优待作出更加明确的规定。① 《烈士褒扬条例》第八条则扩大了烈士认定的范围。② 2020 年 11 月颁布我国第一部专门规范退役军人保障、服务、管理工作的法律，即《中华人民共和国退役军人保障法》，该法建立了参战退役军人特别优待机制，进一步强化了退役军人的合法权益保障。2020 年 12 月最新修订的《中华人民共和国国防法》从法律层面对军人及其家属的优待抚恤等问题作出规定。③

二、国家责任的内涵与任务

（一）社会补偿中国家责任的内涵

在现代汉语中，"责任"的基本词义一是指没有做好分内应做的事，因而应当承担的过失；二是指分内应做的事。④ 而在法理学中，通常将法律责任分成广义法律责任和狭义法律责任两类。广义的法律责任就是一般意义上的法律义务的同义词；狭义的法律责任则是由违法行为所引起的不利法律后果。一般而言，具有典型意义的法律责任是违约责任和违法责任，其他法律责任均不具有此种典型意义，它们与义务之间的界限并不十分严格。⑤ 因此，严格意义上法律责任是指违法行为引起的后果，没有违法行为的发生，就不应有法律责任的出现。从严格意义

---

① 《军人抚恤优待条例》规定抚恤优待对象为现役军人、服现役或者退出现役的残疾军人以及复员军人、退伍军人、烈士遗属、因公牺牲军人遗属、病故军人遗属、现役军人家属。军人抚恤主要包括死亡抚恤和残疾抚恤。其中，现役军人死亡被批准为烈士、被确认为因公牺牲或者病故的，可以享受死亡抚恤。

② 《烈士褒扬条例》规定除了现役军人牺牲以外，预备役人员、民兵、民工以及其他人员因参战、参加军事演习和军事训练、执行军事勤务牺牲应当评定烈士的，应当依照《军人抚恤优待条例》的有关规定评定。

③ 《中华人民共和国国防法》第六十六条规定：国家和社会优待军人家属，抚恤优待烈士家属和因公牺牲、病故军人的家属。

④ 中国社会科学院语言研究所词典编辑室编：《现代汉语词典》（第 7 版），商务印书馆 2016 年版，第 1637 页。

⑤ 张文显主编：《法理学》（第五版），高等教育出版社 2018 年版，第 164—165 页。

上的法律责任可以推导出，国家责任是指由国家违法行为所引起的不利法律后果，最典型的就是国家违约责任和侵权责任，以国家赔偿制度和行政补偿制度为代表。但是社会补偿制度中的国家责任不以国家的违法行为为构成要件，不以国家过错为构成要件，并不是一种狭义上的法律责任，而应该视为广义上的法律责任，是一种基于宪法层面上的国家义务，是为了实现社会利益而实施的一切行为所伴随的保护义务。在宪法基本权利规范分析的框架内，社会权作为一项基本权利，对应着国家的积极义务，社会保障权利属于社会权的一项重要权利内容，因而，社会保障法中的国家责任之内涵可以借助"基本权利—国家义务"的分析框架进行阐释。

国家形态经历了从"警察国"到"法治国"再到"社会国"的发展演进，随之带动国家责任的转变：从维护社会公共安全与秩序，到满足公民基本人格尊严的生存照顾，再到风险社会背景下的安全保障，越来越强调国家对公民基本权利的保障。国家形态与国家任务转变的背后也反映了法哲学层面国家与个人关系的转变，也就是个人权利与国家义务的调整。早期自由主义守夜人政府的国家观认为国家义务是一种消极的福利保护，要强调对公民自由权的保护。但随着社会权保障理论的兴起、现代福利理念的出现，基本权利逐渐扩张至社会权，即由国家积极干预，保障所有社会成员的社会经济生活的公平与安全。[1] 基本权利内容的扩张带来权利保护需求的增加，从而使得与之相对应的国家义务内容也进一步发展，即国家需要为公民提供更多的社会福祉。公民从公民义务本位逐渐走向公民权利本位，国家由国家权力本位逐渐走向国家义务本位。[2] 最终，国家和个人之间的关系转变为"国家义务—公民权利"，即现代社会产生的国家义务来源于满足公民基本权利的需要。

---

① 参见韩大元等：《宪法学专题研究》，中国人民大学出版社 2004 年版，第 340 页。
② 龚向和：《国家义务是公民权利的根本保障——国家与公民关系新视角》，载《法律科学（西北政法大学学报）》2010 年第 4 期。

依据宪法理论，基本权利包含主观权利属性和客观规范属性。基本权利的主观权利属性包含两个内涵，一是个人得以请求司法机关介入以实现自己的要求，也就是具有防御权和受益权功能；二是个人得以直接依据宪法上的基本权利条款要求公权力主体为或者不为一定的行为。[①]基本权利的客观规范属性要求国家除了承担针对防御权功能的"不侵犯义务"和针对受益权功能的"给付义务"以外，还应当运用一切可能的和必要的手段来促成公民基本权利的实现，具有客观价值秩序功能。[②]而客观价值秩序功能也属于积极的基本权利，对应着国家积极的保护义务。基于此，国家对于社会权的保护义务就来源于社会权的"客观价值秩序功能"。社会权作为一种抽象性基本权利，其权利的具体实现主要依赖于宪法委托、制度保障等国家保护义务的履行。[③]这也决定了国家保护义务具有时代性、开放性、实践性，会随着公民基本权利的需求而得以填充和解释，也会随着国家的制度行为、给付行为等作出调整和变动。

社会保障法中的国家责任是与公民社会保障权益相对应的国家保护义务，这份国家保护义务是对公民社会保障权利的直接保障和根本保障。社会保障法中的国家责任通常是指宪法赋予国家以特定职责，国家对此职责的完成所负有的义务；是根据宪法和法律规定国家所承担的作为或不作为的义务，如基于现代社会国家的积极义务而实施的各项社会保障给付行为。当然通常由立法、司法、行政等机关负责落实和实现国家保护义务。德国"社会国原则"下的社会法在不断实践"社会安全"与"社会公平"两大任务，这两大任务所要实现的国家保护义务

---

① 张翔：《基本权利的双重性质》，载《法学研究》2005 年第 3 期。

② 张翔：《基本权利的受益权功能与国家的给付义务——从基本权利分析框架的革新开始》，载《中国法学》2006 年第 1 期。

③ 邓炜辉：《论社会权的国家保护义务：起源、体系结构及类型化》，载《法商研究》2015 年第 5 期。

包括:①

一是为陷于困境的人民提供必要的待遇给付。如若公民因为面临经济上的困境、生命健康上的困境而无法维持基本生活,无法维护基本尊严,则应由国家承担协助义务,提供符合人格尊严的最低保障。

二是保障人民机会的平等,拉近经济条件较好者与经济条件较差者在取得物质与非物质上利益的差距,以保障宪法所规定的各项权利能顺利行使,不因社会条件之差异而产生巨大落差,这也是对实质平等的追求。

三是对于应由国家承担责任的不法侵害,或者由于国家怠惰所造成的损失,国家应提供社会补偿。这些国家责任落实在社会法体系中,就是德国根据给付原因、制度内容、给付内容、给付主体的不同,形成社会保险、社会救助、社会促进、社会补偿四类社会安全制度。

在现代风险社会,对于公民生命、身体、健康的损害,还可能是第三人或特定损害事件;当国家介入损害关系之中,就会形成"个人—国家—第三人/特定事件",此时国家具有保护公民免受特定损害事件侵害的义务,这是国家保护义务的重要体现。社会补偿是一项具体的社会保障制度,该制度中的国家保护义务主要体现在两个方面:首先是国家的给付履行义务。基于特别牺牲、公共利益或者特定风险损害原因,而给人民造成生命、身体、健康等非财产性损害,国家要为受损害者或者受影响者提供合乎人格尊严的物质服务,将风险损害后果在社会共同体之间进行分担,而不是完全由受害者个人负担。其次是安全保护义务。为保障人民免于遭受各类社会风险损害提供各种社会条件、服务措施,对特定风险造成公民生命、身体、健康、基本生活等非财产性权益的损害进行预防和保护,在遭受风险影响的群体和未遭受风险的群体之间形成新的社会公平和正义。社会补偿制度中的国家保护义务是一项国

① 参见〔德〕艾伯哈特·艾亨霍夫:《德国社会法》,台湾社会法与社会政策学会主编,李玉君、林谷燕等译,元照出版有限公司 2019 年版,第 13 页。

家基于结果的责任，是一种国家的无过错责任，也是不可抛弃的一项国家责任。这意味着国安的安全保障任务从消极的危险防卫，转变为更积极的风险预防。①

（二）国家保护义务的层次体系

传统宪法理论根据基本权利的积极属性和消极属性，形成与之对应的国家积极义务和国家消极义务。但是随着宪法理论的发展，国家的消极义务和积极义务二分法已经无法体现基本权利的结构内容，也无法反映国家义务的机构与类型，因为任何一项权利都可能涉及国家的积极义务和国家的消极义务，基本权利属性和国家义务性质之间并非简单的一一对应，公民的每一项基本权利既可以包含国家的积极义务，又可以包含国家的消极义务。于是，国家义务的多层次理论出现，比较有代表性的是美国学者亨利·舒（Henry Shue）的观点，他认为安全权和生存权是两项基本的权利，任何一项都需要国家义务的履行得以实现。国家义务主要包括帮助被剥夺者的义务、避免剥夺的义务和保护个人不被剥夺的义务三个层面的内容。② 挪威学者阿斯布佐恩·艾德（Asbjorn Eide）提出国家对人权保护的新三层次内容：一是尊重的义务；二是保护的义务；三是实现的义务。③ 此外，荷兰学者范·霍特（G. J. Van Hoot）认为国家需要承担的保障义务包括保护的义务、尊重的义务、促进的义务和保证的义务四个方面的内容。④ 总体而言，国家的尊重义务是国家

---

① 陈春生：《行政法之学理与体系》，三民书局1996年版，第183页。

② Henry Shue. *Basic Right*：*Subsistence*, *Affluence and U. S. Foreign Policy*, Princeton University Press, 1996, p. 52.

③ Asbjorn Eide. *Economic*, *Social and Culture Rights as Human Rights*, In Asbjorn Eide, Catarina Krause, Allan Rosas, eds., Economic, Social and Culture Rights：A Textbook, Martinus Nijhoff Publisher, 1995, pp. 35 – 40.

④ See G. J. Van Hoot. *The Legal Nature of Economic*, *Social and Culture Rights*：*A Rebuttal of Some Traditional Views*, In Philip Alston, Katarina Tomasvski, eds., The Right to Food, 1984, pp. 106 – 107.

避免侵犯公民个人权利的义务。国家的保护义务是国家通过立法、司法、行政等手段保护个人的权利不受国家公权力及其他第三人侵害的义务。国家的实现义务又包含促进义务和提供义务，即国家应该采取各种措施，保证公民行使基本权利所需要的社会条件的义务。国家还需要提供特定的给付义务，帮助人民更好享有各类社会政治经济权利，尤其是在公民权利遭受损害时，能够帮助公民享有基本的生活安全保障。

在风险社会中，各类风险对公民生命、身体、健康等人身权利造成的损害可以在国家保护义务的类型中展开，国家义务与公民权利的多层次理论可以为社会补偿的国家保护义务提供更丰富的阐释。风险造成的损害将社会成员分为两类：一类是遭受风险影响的群体；另一类是未遭受风险影响的群体。甚至可能包含因为风险而获益的群体，这两类群体在风险损害中容易产生新的社会不平等。同时，风险对受影响群体带来的损失不仅包含传统的财产损害，更为严重的是对公民生命健康安全及基本生活安定的损害，直接关系到受害者群体的生存权、生命权、身体权、健康权等基本权利的实现。因而，国家的安全保护义务至少包含三个方面：

一是获得社会补偿的国家尊重义务。《中华人民共和国宪法》第三十三条①中"尊重"就表明了国家对公民尊严的消极尊重义务。"尊严"在宪法中的内容体系包含"不受支配的自由"，可以自我选择、自我决定；"不受歧视"的自由，使"自己的生活不受歧视"和"自己的生活不受冒犯"以及"免于伤害"的自由，首先就是要求对生理意义上人的承认以及保持人的生命延续和肉体完整。②生命权、身体权、健康权、生存权都是重要的人权，不管基于何种理由，国家都应该保持理性客观的消极义务，不得损害公民的生命健康安全、不得影响公民的基本生活安定，比如国家立法不得随意限制公民生命权、身体权、健康权获

---

① 《中华人民共和国宪法》第三十三条中提到：国家尊重和保障人权。

② 王旭：《宪法上的尊严理论及其体系化》，载《法学研究》2016 年第 1 期。

得救济的权利，不得随意限制公民获得社会补偿的权利。国家要避免第三人或者特定风险事件对公民可能造成的人身权益的损害。国家应维护社会安全和有序，避免犯罪行为对于公民造成的违法侵害。此外，社会补偿权是社会保障权的一项重要内容，国家应该尊重公民获得损失补偿的权利，避免公民遭受损害后无法获得补偿，以至于公民无法维持基本的生命健康安全与基本生活安定。

二是获得社会补偿的国家保护义务。《中华人民共和国宪法》第三十三条中"保障"就表明了国家对公民尊严的积极保护义务。获得社会补偿权利的根本目的在于保障受害人在遭受特定应由国家负责的风险损害后，能够维持生命权、身体权、健康权、生存权的实现。国家需要通过立法机关的立法行为，为公民获得社会补偿提供制度安排。通过司法机关履行司法职能，为公民获得社会补偿提供救济路径。通过行政机关履行行政行为，为公民免于遭受特定损害提供政策保障措施。也就是说，对于特定风险造成的人身损害，国家需要为受害人提供风险损害预防、分担的各种条件和措施，为受害人能够维持生命健康安全、基本生活稳定提供各种服务和保障。

三是获得社会补偿的国家实现义务。社会补偿制度的核心是社会补偿给付，既包含物质给付，也包含服务给付、医疗给付等多种给付形式。国家的实现义务最主要就是通过行政机关履行行政给付行为，向遭受特定损害的受害人提供包括物质性帮扶、服务性帮助、医疗救治等形式的帮助。而立法机关则需要通过立法行为，对国家补偿给付涉及的补偿对象、补偿范围、补偿标准、财政分担等内容进行法律确认，以保障公民社会补偿权的落实。而司法机关可以在公民无法获得社会补偿的时候，为其提供司法救济路径，以司法手段保障社会补偿权利的实现。概括而言，国家实现义务就是为了保障公民社会补偿权利的落实和实现，国家需要对遭受特定风险损害的受害人提供必要的、有效的财政支持或给付服务，以协助受害人能够维持生命健康安全和基本生活稳定，从而保障受害人各项具体基本权利的实现。此外，国家实现义务的履行也是国家调配风险、分担损害、努力实现社会公平正义的重要体现。

三、国家责任的成立与范围

（一）成立标准：社会连带与安全保护义务

无论何种损害赔偿制度，就发生损害的危险而言，立法只能追求如下两个目的：首先，尽可能地预防损害的发生；其次，将已经发生的损害依据争议以及宏观经济利益的要求，令最适宜的承受者承担此种损失。[①] 国家赔偿制度中，国家责任脱胎于民事责任中的侵权损害赔偿责任，无论是采用代位责任说还是自己责任说，国家赔偿制度中的国家责任的成立原因都是清晰的。在社会补偿法中的国家责任仅凭借国家行为的合法性与违法性是无法判定的，社会补偿权并非对应国家损害赔偿或行政补偿责任，亦无法用民事侵权责任的过错理论进行解释，以至于该项制度中"国家责任"承担责任的理由是模糊不清的。如果无法确定国家责任的确定标准，也就无法界定国家需要在何种情况下，基于何种理由，在多大程度和范围内承担国家补偿责任。尽管社会补偿法中的国家责任又被称为"公法上的严格责任"，[②] 或者基于结果的补偿责任，但是该定义也存在一定歧义。

建立基于风险结果的国家责任主要是确定国家对于公民遭受损害的安全保护义务，确定国家对风险的预防义务，实现国家对风险损害进行再次分配的目的。结果责任始终是对结果承担责任，即对结果的应担责

[①] 朱岩：《论侵权责任法的目的与功能：兼评〈中华人民共和国侵权责任法〉第 1 条》，载《私法研究》2010 年第 2 期。

[②] Georg Wannagat, Die unfallversicherungsrechtliche Gefährdungshaftung im allgemeinen Haftungssystem, NJW 1960, S. 1597 - 1600.

性；结果的发生即构成责任的充分前提，而无须对这一结果存在过错判定。[1] 无论结果责任是无过错责任的一种，[2] 还是结果责任与无过错责任不能混同，[3] 都不影响社会补偿中国家责任的归责属性。它既是一种基于结果的责任，亦是一种无过错责任，毕竟对于损害发生的结果，都无须考虑国家行为的故意或者过失。有学者认为施加以结果为基础的严格责任标准是"获益"，即从一项活动中获得经济利益的主体应该负担该活动给他人造成损害的风险。[4] 例如，在与战争相关受害者的补偿制度中，国家在发动战争或者从事军事活动中获益。有学者认为以结果为基础的严格责任附加在某些"对他人特别危险的"活动中的行为之上，[5] 例如，突发事件导致的人身损害的补偿中，国家对处于这种特别危险活动行为之中的人的补偿。前一位学者从主体的角度来看，后一位学者是从风险损害行为来看，但都可以解释国家对于公民基于特别牺牲、基于公共利益或者基于特定风险损害应该承担的责任，这种结果责任并不是建立在个人责任思想基础之上的，而是建立在使受害人更容易获得侵权损害赔偿的愿望基础之上。以结果责任为基础的补偿制度不注重对加害人的惩戒和制裁，而侧重于对受害人的补偿和救济。当面对个人无法以自身能力克服或排除的风险，为了保护特定社会公共利益，我们应突破传统国家责任被动式、个别式的填补损害赔偿或损失补偿路径，以社会正义和安全作为制度目标，搭建全体社会共同分摊机制。毕竟面对不确定的风险损害，建立社会安全正义的价值要远高于对个人正

---

① 李昊：《危险责任的动态体系论》，北京大学出版社 2020 年版，第 21 页。

② 有学者认为行为人或法定义务之人，虽无故意过失可言，亦不免负赔偿之责任，即为无过失赔偿责任，亦称为结果责任。（参见史尚宽：《债法总论》，中国政法大学出版社 2000 年版，第 106 页。）

③ 有学者认为结果责任系初民时代，凡受有损害，即予报复，即人类未能区分故意过失时之产物，无过失责任系补救过失主义弊端多而创设的制度，二者不宜混用。（王泽鉴：《雇佣人无过失侵权责任的建立》，载《民法学说与判例研究》，北京大学出版社 2009 年版，第 829 页。）

④ Jane Stapleton. *Product Liability*, Toronto Butterworths, 1994, p. 185.

⑤ Tony Honoré, *Responsibility and Luck：The Moral Basis of Strict Liability*, Law Quarterly Review, vol. 104, 1988, p. 530.

义的矫正。①

　　社会补偿法作为独立的研究领域，国家责任应该与传统国家责任的划分不同。除了国家行为的合法性以外，还包含间接性、普遍性两个标准。间接性是指损害结果之间与国家合法的行为无直接的法律关系，只要风险损害结果是法定原因导致的，国家均应给予受害人一定的照顾补偿。但是该标准只有在作为制度区分的时候才会被使用，因为根据判例法，如果有其他直接因果关系存在，则应当优先适用直接因果关系进行归责。毕竟，这些都是例外情况，允许有特殊的理由建立更为充分的归责关系。从这个意义上讲，直接性和间接性表明了国家责任法和社会补偿法的典型特征。比如战争通常由国家发起，由此所导致公民遭受人身损害的，属于国家未尽到应有的保护义务之情形，国家具有保护公民生命健康安全的责任。对于突发公共卫生事件导致的损害也属于国家未尽到应有的保护义务之情形，这意味着对于战争受害者、突发公共卫生事件受害者给予相应的社会补偿是国家责任的间接性体现。普遍性是指特定社会风险事件导致的受害群体是普遍且广泛的，这些受害人并非与特定侵权行为具有逐一对应关系。② 例如在突发事件受害人补偿中，受损害群体可能人数众多，损害的发生与国家特定的行政行为无关，国家对遭受损害的人仅具有间接保护义务。③ 如果在一个风险损害中同时具有相对模糊的合法性、间接性和普遍性三个特征，则恰恰确立了共同体分担风险的国家责任。社会补偿的国家补偿责任是基于"社会国"原则和安全保护义务产生，无论何种责任确立的标准，都必然要服务于特定的制度目的，即法律对于特定风险损害的补偿，无论该损害是基于特别牺牲，还是基于公共利益，抑或是基于法律的法定保护。由此，国家需

---

　　① 林嘉等：《突发公共卫生事件社会补偿制度的构建》，载《中国人民大学学报》2020 年第5 期。

　　② Ulrich Becker, Soziales Entschädigungsrecht, Nomos Verlagsgesellschaft mbH & Co. KG, 2018, S. 91 – 92.

　　③ Eichenhofer, Sozialrecht aktuell, Sonderheft 2017, S. 6 – 10.

要对两大类型原因履行补偿责任：一是特定风险事故中基于牺牲所遭受的损害，如疫苗预防接种损害以及其他类似的人身损害、战争损害、非真正意外保险补偿等；二是为了维护法律秩序的补偿，如对犯罪被害人的补偿以及其他侵权人无法对受害人给予赔偿情况下的国家补偿。[①]

（二）负担范围：个人责任与协力辅助原则

由于社会补偿是基于"社会国"原则和国家安全保护义务的补偿，是以集体力量保障个人经济生活安全的制度，补偿的经费很大一部分来源于税收，所以社会补偿中国家补偿责任负担范围并非一成不变的，会随着社会政治经济的发展而作出调整，并在法律制度中得以体现，这也是社会补偿必须有法定性的体现。换句话说，社会补偿保护的损害利益以及类型会在法定的框架下不断丰富和调整。随着社会补偿的介入，民事责任和国家责任的负担边界会得到重新划分。这意味着社会共同体责任需要在何种范围内介入个人对风险损害的法律责任或者承接个人侵权损害赔偿责任是需要加以明确的，即当下为了能够兼顾个人自由与社会安全的双重价值，多元化的人身损害赔偿救济机制之间尽管不存在替代关系，但仍需厘清不同责任制度的法律分担范围和优先顺位。

从现有法律赔偿补偿责任的原因来看，法律上的损害赔偿或补偿主要包含侵权行为所致的损害赔偿或补偿，既包含个人行为、国家行为，也包含基于法律规定的特定事由所致的赔偿或补偿。由此形成民事责任、传统国家责任与共同体责任三种责任类型。如果将不同的赔偿补偿责任看作一个同心圆，同心圆的核心就是侵权行为导致的侵权赔偿责任，既包含民事侵权损害赔偿，也包含基于传统国家行政行为导致的损害赔偿补偿；而相邻外围的同心圆则是作为社会补偿权基础的共同体责

[①]　Ulrich Becker, Soziales Entschädigungsrecht, Nomos Verlagsgesellschaft mbH & Co. KG, 2018, S. 96.

任。共同体责任首先要承认并尊重责任自负的法律规则和法律秩序。①
这意味着如果存在侵权行为主体，存在侵权行为与损害后果的因果关
系，侵权主体仍应当承担第一位的侵权损害赔偿，责任自担的原理并未
在社会补偿制度的介入中得到削减，甚至社会补偿中的共同体责任要尊
重责任个人侵权责任和传统国家责任的优先履行。同时，在国家可能并
未采取任何行动，或者损害结果与国家行为并不存在直接因果关系的风
险事故损害中，国家作为法律秩序和基本权利的保障者，基于"保护
个人基本权利免受第三方损害"的理由，如果在遭受损害的一方无法
从其他路径获得补偿时，国家需要履行必要的补偿给付义务。

从社会补偿与侵权损害赔偿的关系来看，二者的交互形成三种关
系，一是共同承担任务的关系；二是相互影响但有差异的合作模式；三
是社会补偿解决侵权损害赔偿问题的关系。在第一种关系模式中，二者
分工协作，共同解决社会问题，如犯罪被害人补偿案件中，加害人依据
侵权法承担损害赔偿责任，在加害人没有能力赔偿时，则可以由社会补
偿介入，代替侵权人对受害人及其家属进行补偿。如果受害人死亡，则
可以在侵权损害赔偿之后，对其遗属的基本生活进行补偿。通过制度协
调，共同实现受害人的补偿问题。在第二种关系模式中，一方面，社会
补偿法的某些概念与民法中的某些概念可以互相援引，比如社会补偿对
象中的家属、遗属的范围则仍然按民法中的规定，也可以对民法的家
属、遗属范围作出调整；另一方面，二者在法律效果中无法替代，尽管
社会补偿代替侵权人实施了补偿，但是并不能免去侵权行为人的侵权责
任，国家在给付之后仍可以向侵权行为人追偿。在第三种关系模式中，
社会补偿只能出现在侵权损害赔偿无法解决的问题之后，也就是在尊重
责任自负的基础之上，通过对风险损害的调配和干预，实现对受害人及
其家属、遗属的补偿，二者之间尽管不存在替代的关系，但是存在优先

① Ulrich Becker, Soziales Entschädigungsrecht, Nomos Verlagsgesellschaft mbH & Co. KG, 2018, S. 116.

级的关系。

　　社会补偿作为社会保障制度的一部分，广泛地体现了分配正义，是将个人生活风险部分或者全部转移给社会共同体的制度，责任的基础不是过错，而只是依照"社会政策的指示"，现今各国日益增长的趋势是，将对行为的道德谴责转移为社会责任。[①] 但国家责任并不是对一切风险损害后果都负责补偿，而是有选择性地给予补偿，这使得国家社会补偿责任建立在一个前提下，即个人无法保护自己免受特定风险损害时才可以得到补偿。这也是个人责任的前置，一方面每个遭受损害的人都首先要对自己的身心健康、个人发展负责；另一方面，任何侵权行为人都要对自己的侵权损害行为负责。因为公民首先会以自己的合法权益免遭侵害而产生防御请求权，即要求国家不作出该种侵害的请求权，这里所谓个人对损害的防御权要优先于补偿权得到保护的权利。[②]

　　由于社会补偿给付属于行政给付的一种，社会补偿给付资金的来源不是来自社会成员提前缴纳的保险费，而是由政府编列预算的财政资金、社会慈善捐赠所成立的基金共同承担，为了在国家给付责任和补偿权益保护之间达到平衡，整个制度安排既需要考量国家财政给付的能力和水平，也需要考虑社会补偿对受害人的生命、健康及基本生活损害的分散与补偿。这体现了社会补偿的辅助照顾原则，这一原则主要体现了三个重要目的：一是维持受害人补偿的必要性与政府财政给付能力之间的平衡关系。既要考虑损害的补偿必要性，如对公民生命、健康及基本生活的损害达到一定严重程度，对于不具有补偿必要的轻微损害则可以不予补偿，也要考虑国家财政的负担能力。因为社会补偿不是个别赔偿。亦不是对个人所受损失的绝对补偿，因而没有对价与谈判，只有法定标准，针对何种损害给予何种方式的补偿皆与国家和地方政府的财政

---

　　① ［美］庞德：《庞德法学文述》，张文伯、雷宾南译，中国政法大学出版社 2005 年版，第259 页。

　　② Ulrich Becker, Soziales Entschädigungsrecht, Nomos Verlagsgesellschaft mbH & Co. KG, 2018, S. 88.

负担能力相关。二是表明了国家对遭受权益损害的适度适当补偿。社会补偿基金的规模要结合我国财政税收能力来综合决定，社会补偿的标准既需要能够满足公民保证生命、健康、自由等基本权益的恢复以及基本生活的维持，又要考虑我国政治经济发展的水平。也许社会补偿在发达国家的标准会高一些，补偿的类型会多一些。作为发展中国家，我国的社会补偿的水平要结合国情，以适度补偿为原则，同时还需要考虑社会保障制度的总体支付水平。三是体现了社会补偿与其他侵权损害赔偿制度的优先关系。社会与其他侵权损害赔偿制度共同构成多元化、多层次的赔偿补偿法律体系，为了避免社会补偿的过度扩张，我们还要优先适用其他损害赔偿制度。只有在其他损害赔偿制度无法获得救济的情况下，才由国家开始介入，承担相应的兜底补偿责任。例如在从事疾病预防工作过程中，工作人员因疾病预防而遭受的人身损害救济，会同时出现工伤保险待遇给付与社会补偿给付，为了避免重复补偿，可以优先通过工伤保险待遇给付获得补偿，毕竟职业灾害相关的保障给付要优先于一般日常生活中的风险保障。

社会补偿中国家给付的实现

一、主体权利的确立

（一）社会补偿法律关系的基本结构

　　社会保障法律关系是混合了公法、私法综合关系的体系。基本延续一方是受益方，通常是公民；另一方是给付方或者被委托给付方，一般是政府机关或者受政府机关委托从事特定给付的机关。我国社会保障管理实行集中管理，基本排除了私人自治的空间，契约管理并未体现在社会保障管理的过程中。[1] 在民法的债权关系中，债权人享有向债务人请求给付的权利。债务人是负有义务的人，债权人是享有权利的人。[2] 在公法领域，凡是本质上为特定人，向特定人请求特定行为的法律关系，均可视为一种广义的债。[3] 这一概念发展至公法，意味着一方主体具有请求特定主体为一定行为或者不为一定行为的权利。即与民法上这一概念界限相对应，以客观法为根据产生的行政法债务关系，是以财产性给付为内容的特殊关系，和民法相对应，也是限于以特定的给付为目标的法律关系。[4] 公法上债之关系与民法上的唯一不同是：前者是公法上的原因所产生。[5] 在社会补偿法律关系中，社会补偿权利人按照法律规定，强制地被赋予了补偿主体的地位，能够在构成社会补偿要件之时，形成社会补偿请求权，可以向国家主张补偿给付的权利，国家补偿机关自然而然地成为社会补偿给付的另一方主体，这是公法上债之关系的体现。

---

　　① 娄宇：《社会保障法请求权体系之架构》，中国政法大学出版社 2018 年，第 119 页。

　　② 参见［德］拉伦茨：《德国民法通论》（上），王晓晔、邵建东等译，法律出版社 2003 年版，第 40 页。

　　③ 郭维真：《以公法之债解读我国社会保险税的建立——以纳税人财产权保护为视角》，载《河北法学》2008 年第 12 期。

　　④ ［德］汉斯·J. 沃尔夫等：《行政法》（第二卷），商务印书馆 2002 年版，第 164—165 页。

　　⑤ 陈淑芳：《公法上债之关系》，载《月旦法学教室》2004 年第 17 期。

行政法上的"给付"往往是财产上利益的移转，原则上从生存照顾的核心概念界定，其财产上利益提供系以社会的公共资金为基础，以国家责任为后盾，其类型主要包括基于生存权保障的非对价性给付。满足基本日常生活需求，以对价为前提的给付。诱导相对人行为的给付，以辅助金为典型。[①] 就社会补偿制度而言，社会补偿给付属于第一类，即基于生存权保障的非对价给付。此类给付活动基于社会国家原则，通常以实现、保障人民请求国家给付的权利为目标，具有受益权的属性，但请求给付权利的强弱可能会因为法律所规定的要件不同而遭受影响。受制于公法债之法律关系，补偿给付机关只有按照法律规定，履行其债权人所请求的给付义务，而没有规制其债权人获得给付补偿的内容与范围的权限。

社会补偿的基本结构由社会补偿法律关系决定，社会补偿给付的基本结构是国家补偿机关与补偿权利人之间债之给付的移转。国家补偿机关与补偿受益人自然构成社会补偿给付法律关系的主体地位，即补偿对象和补偿主体。

就社会补偿给付对象而言，社会补偿对象是普遍且广泛的，全体国民都有权获得社会补偿，但是各类具体补偿给付的条件成立还要依赖于法定构成要件的达成。德国《社会补偿法》规定的社会补偿受益人是受害人及其家属、遗属及其他相关亲属；受害人是指遭受本法规定的有害事件导致健康遭受损害的人；家属是指受害者的配偶、子女和父母；遗属是指鳏寡孤独者，如寡妇、鳏夫和孤儿、父母以及受抚养人；其他相关的亲属是指兄弟姐妹以及与受害方有类似婚姻关系的人。[②] 在我国社会补偿制度构建中，所有受害人以及家属都有权获得社会补偿，但有两个问题需要注意：一是关于社会补偿对象的国籍问题，在补偿制度设

---

① 沈政雄：《社会保障给付之行政法学分析——给付行政法论之在开发》，元照出版有限公司 2011 年版，第 8 页。

② 德国《社会法典》第十四编第二条。

立的初期，受制于经济发展水平与补偿基金的支付能力，可以先对本国公民提供补偿；随着未来国家的发展及国际交流的扩大，再考虑外国国籍公民在中国遭受特定损害后的补偿主体问题。二是外国国籍公民在中国遭受特定损害能否取得补偿主体资格的问题，需要从两个方面考虑：一是社会补偿基金的主要来源是国家财政，税收是财政资金的主要来源，这意味着纳税人按照权利义务对等的法律原则，具有合法身份的外籍纳税人应当作为社会补偿对象。因此关于外国国籍公民在中国遭受特定损害后能否取得补偿主体资格的问题，需要关注外国国籍公民在我国身份的合法性。对于非法入境、非法居留、非法就业的外籍公民，应当排除在社会补偿对象范围之外。二是关于遗属的范围问题，既要以继承法的遗属范围为基础，也要坚持以紧密依赖受害人生活为限度。《中华人民共和国民法典》第一千一百二十七条对遗产继承顺序作出规定，①直接表明了家庭成员的基本范畴。一方面，由于社会补偿制度对遭受损害主体的补偿属于社会保障法的范畴，以保障受害人基本生活安定、社会公平为目的，在确定"受害人遗属"的范围时，既要考虑民法继承的范围，也要兼顾事实上的亲属互助关系；另一方面，补偿所得不同于遗产，补偿金的主要功能在于保障受害人的遗属维持基本生活安定，此处能够申领补偿的遗属必须属于以受害人收入为主要生活来源的人，也就是与受害人存在极为密切的生活依赖关系。如若受害人亲属生活能够自立维持，甚至非常优越，即便其具有民事继承法中的遗属关系，也不属于此制度下能够申领补偿的遗属范畴。

就社会补偿给付机构而言，国家在社会补偿中居于主导地位，国家基于社会共同体的连带责任而给付，在实质上实现社会共同体成员之间

---

① 《中华人民共和国民法典》第一千一百二十七条规定：遗产按照下列顺序继承：（一）第一顺序：配偶、子女、父母；（二）第二顺序：兄弟姐妹、祖父母、外祖父母。继承开始后，由第一顺序继承人继承，第二顺序继承人不继承；没有第一顺序继承人继承的，由第二顺序继承人继承。

的利益平衡。① 因此，国家是社会补偿法律关系的相对方，政府或者政府授权的组织机构构成社会补偿主体。而获得授权的社会补偿机构的主要任务就是为遭受损害人及其家属提供法定补偿。德国《社会补偿法》明确规定由国家负责社会补偿；② 国家设置联邦劳动和社会保障部，主要负责社会补偿制度的统一执行；③ 设置联邦社会补偿局，接受联邦劳动和社会保障部监督，主要履行以下职能：一是根据本法第六十条第3款的规定，按照其与医疗基金协会或联合会签订的行政协议，一次性支付医疗保险费用，根据第八十条第3款的规定，按照其与医疗基金协会联合合签订的行政协议一次性支付长期照护保险费用。④ 二是履行《欧洲暴力受害者补偿公约》规定的职能。三是支持各州社会补偿工作，保障联邦社会补偿类法规的法律适用。四是协助联邦劳动和社会保障部履行相关职能，如根据本法第四十条的规定监督联邦劳动和社会保障部按照规定与相关基金机构合作协议的执行实施，编制、披露社会补偿收入支出、补偿人数相关的统计数据报告，从事社会补偿项目研究等。五是联邦劳动和社会保障部委托执行的其他相关事务。⑤ 对于具体执行社会补偿事务的实质管辖权，则根据法律规定，由国家授权的各州特定政府机关履行，⑥ 一般按照属地原则，由受益人经常居住地的政府机关负责。

（二）给付对象的社会补偿请求权

请求权是民事权利的一种。民法中请求权乃特定人为特定行为（作为、不作为）的权利，⑦ 即"谁得向谁，依据何种法律规范，主张

---

① 娄宇：《论社会补偿权》，载《法学》2021 年第 2 期。

② 德国《社会法典》第十四编第一百一十一条。

③ 德国《社会法典》第十四编第一百一十四条。

④ 德国《社会法典》第十四编第一百一十一条。

⑤ 德国《社会法典》第十四编第一百二十四条。

⑥ 德国《社会法典》第十四编第一百一十二条。

⑦ 王泽鉴：《民法概要》，中国政法大学出版社 2003 年版，第 41 页。

何种权利"①。尽管私法与公法属于两种不同类型的法律，私法上的权利与公法上的权利也属于不同性质的权利，但是民法中请求权的研究方法可以为公法中使用。行政法上的请求权属于主观公权利的一种。请求权（债权）是指权利人要求他人作为、不作为或者容忍的资格，如给付请求权。② 换言之，行政法上的请求权是公民为了贯彻其公权利而向行政机关提出的作为或者不作为的要求。③ 随着给付行政理念的兴起，相对人的权利从消极的防御权拓展至"生存照顾"的积极权利，相对人可以积极地请求行政主体作出给付行为。

尽管债权既包含请求权的内容，也包含解除权、终止权等内容，但是请求权仍然是债权最重要的权利内容。这一分类进入行政法领域，公法请求权形成两种典型形态，即确保或恢复基础性公法权利不受干扰状态的干扰防御请求权和作为受益权核心内容的给付请求权。④ 在受益权的法律关系中，除了请求权的内容外，虽然还有受领权、选择权、终止权、排除公权力机关及他人侵害的权能等，但是请求公权力机关从事特定行为（给付）的权能无疑是受益权最核心的内容和权能，这种请求权可以简称为给付请求权。⑤ 社会保障请求权就是典型的作为受益权核心内容的给付请求权。根据待遇给付类型的不同，社会保障请求权可以分为社会保险请求权、社会补偿请求权、社会救助请求权、社会福利请求权等。与其他社会保障法律关系一样，社会补偿给付主体与社会给付权利人之间属于公法上法定债之关系，社会补偿请求权人是社会补偿受益人，社会补偿请求权的给付主体是行政机关或者其授权的组织。社会补偿请求权即为社会补偿受益人请求社会补偿机构积极为一定行为或者

① 王泽鉴：《法律思维与民法实例》，中国政法大学出版社 2001 年版，第 50 页。
② ［德］汉斯·J. 沃尔夫等：《行政法》（第一卷），高家伟译，商务印书馆 2002 年版，第 503 页。
③ 王锴：《行政法上请求权的体系及功能研究》，载《现代法学》2012 年第 5 期。
④ 徐以祥：《行政法上请求权的理论构造》，载《法学研究》2010 年第 6 期。
⑤ 徐以祥：《行政法上请求权的理论构造》，载《法学研究》2010 年第 6 期。

不为一定行为的权利。

1. 社会补偿请求权的内容

在社会法中，社会给付依照内容不同，分为服务给付、实物给付与金钱给付。社会法上的请求权亦分为劳务请求权、实物请求权和金钱请求权。德国《社会法典》第一编第十一条第 2 款规定，个人以及教养扶助属于服务给付，如医师或医院治疗、康复训练、社工照护、家庭扶助与照护、就业促进等。实物给付系以持续或一定时间内使用或提供实物为内容，如医疗器械用品。金钱给付是基于支付请求权而成立，如年金、津贴等。服务给付、实物给付与金钱给付的区别实际在于预付、加计利息、消减时效、转让、抵销、担保、扣押等规定之间的差异。[①] 将给付请求权做这种区分的意义在于：在带有人身救助的项目中，应当尽可能采取前两种给付方式，以减轻给付接收方先行自付的资金压力。甚至对于低保救济金、丧葬补助金与抚恤金的发放在特殊情况下也应当采用先行支付的方式。而服务、实物给付则不存在这样的问题。[②] 社会补偿请求权与社会法的请求权一致，在考量具体补偿给付内容时，也应区分劳务、实物以及金钱给付请求权的具体规则构建。

此外，按照社会给付受法律约束的不同，社会给付请求权可以分为义务给付和裁量给付，前者成立法律请求权，后者则依据给付主体的裁量处分成立。裁量给付是指经过授权的行政机关在决定社会保障给付时，可以根据法律规定、授权目的等酌情自行行使裁量权。[③] 依据《社会法典》第一编《总则》第三十八条规定，除给付主体以"得"或"应"之法定用语明确授权裁量基础外，社会给付原则上属于义务给付。在法律适用层面，义务给付必须严格按照法律规定给付，没有自由

①　参见［德］艾伯哈特·艾亨霍夫：《德国社会法》，台湾社会法与社会政策学会主编，李玉君、林谷燕等译，元照出版有限公司 2019 年版，第 128 页。

②　参见娄宇：《社会保障法请求权体系之架构》，中国政法大学出版社 2018 年，第 154 页。

③　德国《社会法典》第一编第三十九条。

裁量的空间，而裁量性给付除了涉及合法性，还涉及合理性。就社会给付而言，整体上均要适用法律保留原则，即只有在法律允许的范围内，才能决定、设立、变更、免除社会保障给付的权利和义务。[1] 如果给付主体误解裁量要件，肆意作出错误或不必要的决定，则构成违法。[2] 对于该类型的给付，在社会补偿制度中同样适用。

2. 社会补偿请求权的取得与变动

第一，权利取得方面。按照社会保障法律制度的基本原理，公民的基本生存保护通常由国家承担法定的保护义务，这种国家法定的给付义务与早期救济时期国家基于道义上的救济给付不同，给付机关并非基于自己的自由裁量，而是要接受法律的约束，行政机关的给付多是义务给付。因而，对于一般的义务给付，社会保障法上的给付请求权一般以法律的直接规定作为权利取得方式，一旦满足法律规定的条件，就可以享受社会保障福利。基于社会补偿给付主体与社会给付权利人之间属于公法上的法定之债，在具体的社会补偿给付立法中，法律关系主体、客体以及权利内容都要有明确的法律规定，一旦符合法定社会补偿构成要件，社会补偿请求权直接成立。具体而言，社会补偿请求权的成立要件包括：一是给付义务人负有给付义务，该给付义务来源于法定义务，这里的"法定"属于广义上的法律规定；二是给付义务人未履行给付义务，对于未履行给付义务的原因无须考究；三是受益人遭受法定损害，未获得社会补偿给付。此外，如果属于裁量给付，则于给付主体作出裁决并送达后成立。

第二，权利变动方面。一是社会保障法上的请求权自成立时即已届满清偿。德国《社会法典》第一编《总则》第四十一条规定，如果本法没有例外规定，则社会保障权利自成立时到期。权利人因此可以获得

---

[1] 德国《社会法典》第一编第三十一条。

[2] 参见［德］艾伯哈特·艾亨霍夫：《德国社会法》，台湾社会法与社会政策学会主编，李玉君、林谷燕等译，元照出版有限公司2019年版，第129页。

社会保障预付款给付和临时性给付。预付款给付属于行政机关的裁量权给付，主要针对医疗鉴定等，以至于给付权利原因和范围都需要比较长的时间确定。一旦权利人申请预付给付，则预付请求权随之成立。如果给付机关就管辖权存在争议，则先处理的给付主体可以提供临时性给付，给付范围自行决定。[①] 二是社会保障请求权的延迟给付。对于金钱给付延迟的，应加计每年 4% 的利息。德国《社会法典》第一编《总则》第四十四条规定，金钱给付延迟的利息应在请求权到期之日后下一个月起计算，最迟于提交完整申请资料后六个月起计算。不论给付主体对给付延迟是否可归责，均需要承担延迟利息的义务。[②] 三是社会保障请求权的消灭。社会保障请求权一般因履行权利、抵销、结算、权利人抛弃、转让、权利人死亡、超过时效而消灭。首先，受益人可以向社会保障给付机构书面提出放弃领取社会保障给付权利的声明。当然放弃申领的声明可以随时撤销，但是如果放弃社会保障给付请求权给其他人或给付机构带来负担，则不得放弃。[③] 其次，实物给付请求权、劳服给付请求权因为具有高度人身属性，属于不可转让的权利，金钱给付请求权原则上可以转让和质押。[④] 再次，实物给付请求权、服务给付请求权因权利人的死亡而消灭，而金钱给付请求权只有在权利人死亡时尚未确定或尚未归属，才会消灭。[⑤] 对于已经确定或已经具有归属的金钱给付，则适用相关的权利继受的规定。最后，社会保障请求权自成立之日起四年内有效。对于超过一定期限不行使的权利，会导致权利消灭。社会保障请求权与民法请求权一样，同样适用民法关于权利中止、中断、延长等规定。[⑥]

[①] 德国《社会法典》第一编第四十三条。

[②] 参见［德］艾伯哈特·艾亨霍夫：《德国社会法》，台湾社会法与社会政策学会主编，李玉君、林谷燕等译，元照出版有限公司 2019 年版，第 132 页。

[③] 德国《社会法典》第一编第四十六条。

[④] 德国《社会法典》第一编第五十三条。

[⑤] 德国《社会法典》第一编第五十九条。

[⑥] 德国《社会法典》第一编第四十五条。

（三）给付主体的不当得利返还请求权与追偿权

国家作为社会补偿的给付主体也享有向特定主体主张的公法上的请求权，有学者将其统称为"衡平请求权"，认为社会保障法中的衡平请求权主要包含两类：一是要求返还实际不属于受益人的给付；二是在已经受领给付的情况下，实际负有给付义务者乃是第三人，需要对给付主体予以衡平。前者属于受领者的不当得利，形成公法上给付主体的返还请求权；后者属于法定之债关系的调整，形成某一给付主体的追偿权。衡平请求权的作用是使不正确的社会保障给付在社会保障给付主体间进行均衡，确保财产状态能够符合法律规定。衡平请求权保障了行政行为的适法性，也是合乎目的的手段。① 社会保障法中的衡平法律关系一定是由一位社会保障给付受益人与至少一个给付主体构成，也就是至少包含两方主体，如基于不当得利产生的返还请求权。也可以是多方主体，如三方主体参与下给付机关的追偿权。社会补偿属于新型的损害赔偿制度，从制度初始就需要考虑以下问题：一是它与其他社会保障制度组成一个统一单位；二是无论如何，它不能也不应该消除一般的国家责任，即国家对非法损害的责任；三是原则上不应取消第三方对应赔偿损害的相互竞争责任；这涉及社会补偿的辅助性问题、追偿权问题以及将第三方纳入制度之中的问题。② 第三个问题直接阐明了社会补偿制度中国家作为给付主体所享有请求权的具体内容。

1. 不当得利返还请求权

社会保障给付主体的返还请求权以给付主体和给付对象之间存在社会保障给付法律关系为前提。社会保障法中两方主体之间的衡平法律关系存在于一个社会保障给付受益人和一个给付主体之间，该种法律关系

---

① 参见［德］艾伯哈特·艾亨霍夫：《德国社会法》，台湾社会法与社会政策学会主编，李玉君、林谷燕等译，元照出版有限公司 2019 年版，第 132 页。

② Hans F. Zacher, Die Frage nach der Entwicklung eines sozialen Entschädigungsrechts, DÖV 25 (1972), S. 461–471.

是否发生，取决于二者之间是否具有法定请求权。社会保障法中不当得利返还请求权与民法上的不当得利返还请求权相似。德国《社会法典》第十编《行政程序与社会数据保护》（Sozialgesetzbuch Erstes Buch-Sozialverwaltungsverfahren und Sozialdatenschutz，简称SGB X）第五十条规定对于在行政行为被废止的范围内，已经提供的给付服务，受益人应予以偿还；实物给付和服务给付应以现金偿还，① 以此排除错误的行政给付的结果。但是此种社会保障法中的不当得利返还请求权不同于民法上的不当得利返还请求权，社会保障决定给付之前有一个决定给付的行政行为存在。这决定社会保障给付关系中的返还义务有两种情况：一种是存在决定给付的行政行为时的返还请求权，此种返还请求权发生的前提是决定给付的行政行为被撤销，换句话说，返还请求权必须在撤销给付的行政决定之后才能行使，在撤销该行政处分行为之前，给付主体是无法请求得利人对价返还给付的；另一种则是无须以决定给付的行政行为撤销为前提的返还请求权，一般是指超额给付情形、撤销非法有利行政行为的情况以及情况发生重大变化取消行政行为的情形。② 如社会保障给付主体依法执行判决，提前给受益人提供给付，而后该判决被上级审查机关撤销情形。如行政主体于先前诉讼程序中同意给予受益人战争受害者补偿给付，但事后发现受益人并非战争受害者而撤销先前的同意，导致先前给付成为无法律原因的给付。③ 这种情况，给付机关需要对是否行使返还请求权作出裁决并阐述理由，该裁决应当以书面方式确定。④ 例如我国台湾地区《犯罪被害人权益保障法》第十三条对返还请

---

① 德国《社会法典》第十编第五十条第一款。
② 德国《社会法典》第十编第四十五条、第四十八条、第五十条第二款。
③ 参见［德］艾伯哈特·艾亨霍夫：《德国社会法》，台湾社会法与社会政策学会主编，李玉君、林谷燕等译，元照出版有限公司2019年版，第168页。
④ 德国《社会法典》第十编第五十条第三款。

求权的规定。[①]

2. 追偿权

社会保障给付三方主体参与的情况要比两方主体参与的情况更为复杂，一般分为两种情况：一种是有一个给付受领人与两个给付主体的情况。另一种是有一个受领人、一个给付主体以及一个对受领人负有私法给付义务的人。尽管两种模式中负有给付义务的主体略有不同，但相对于权利人而言，都是社会补偿请求权与其他损害赔偿请求权或者其他社会保障请求权的竞合问题。

在第一种情况中，受领人可以向任意负有给付义务的主体主张权利，先给付义务人履行给付义务并不需因先行给付而承担任何不利责任。若先给付义务人已经承担全部给付义务，先给付义务人对于超出其所应承担给付责任之范畴，保有向后给付义务人主张给付的权利，因为先给付义务人保有受领人获得给付的权利，这本质上是给付债权的移转，先给付主体获得追偿权。如我国台湾地区《犯罪被害人权益保障法》第十一条的规定。[②]

在第二种情况中，本质上是由私法上债权人转换至社会给付主体的法定债权的移转，社会补偿给付主体在债权移转中获得代位追偿权。如果某人在执行被委托执行的公共职务时，出现故意或重大过失，团体则保留对其进行追偿的权利。损害赔偿请求权和追偿权不可以被排除在普通法院的救济途径之外。[③] 在该法律关系结构中，社会补偿给付主体和负有给付义务的私人都负有给付义务，只是社会补偿给付机关相对于负

---

① 我国台湾地区《犯罪被害人权益保障法》第十三条规定：受领之犯罪被害补偿金有下列情形之一者，应予返还：一、有第十一条所定应减除之情形或复受损害赔偿者，于其所受或得受之金额内返还之。二、经查明其系不得申请犯罪被害补偿金者，全部返还之。三、以虚伪或其他不正当方法受领犯罪被害补偿金者，全部返还之，并加计自受领之日起计算之利息。

② 我国台湾地区《犯罪被害人权益保障法》第十一条规定：依本法请求补偿之人，因犯罪行为被害已受有损害赔偿给付、依强制汽车责任保险法或其他法律规定得受之金钱给付，应自犯罪被害补偿金中减除之。

③ 刘飞：《德国公法权利救济制度》，北京大学出版社 2009 年版，第 140 页。

有给付义务的私人并不是最终的给付义务者，社会补偿给付机关只是履行了先给付义务。例如国家对暴力犯罪被害人予以补偿，但实际上不法行为人（犯罪行为人）对受害人负有侵权损害赔偿责任。正如我国台湾地区《犯罪被害人权益保障法》第十二条对求偿权的规定。① 社会补偿给付机关履行补偿给付义务，并不会使得私法上的责任主体免除其给付义务，而是为了满足权利人的补偿需求，避免权利人因侵权行为人怠于履行给付义务或者无力履行给付义务而导致获得补偿的权利落空。社会补偿给付主体先行履行给付义务后，受害人对私法上给付义务人的请求权发生移转，社会补偿机关取得原受害人的权利地位，在其给付范围内，有权向未履行私法损害赔偿责任的义务人主张权利。

二、国家给付义务的履行

(一) 社会补偿的构成要件

社会补偿中国家补偿给付责任的成立是整个社会补偿分担机制的核心问题，这也是国家履行社会补偿责任的前提条件。在现有的损害赔偿制度中，国家赔偿、行政补偿以及侵权责任制度都是按照加害行为、损害、因果关系及过错四项要素展开，在借鉴上述损害赔偿制度构成要件的基础之上，结合社会补偿制度的法理，形成以下构成要件。

一是国家对损害具有间接性、普遍性的无过错的结果责任。也就是说该损害不可归责或者不能直接归责于国家行政行为，不存在与国家特定行政行为一一对应的损害主体，但即使国家不属于直接加害主体，国家无故意过失，亦应对遭受损害的后果负责，毕竟国家对免遭受损害的基本权利具有安全保护的义务。就不可归责于国家的损害，比如说突发

---

① 《犯罪被害人权益保障法》第十二条规定：国家在支付犯罪被害补偿金后，于补偿金额范围内，对犯罪行为人或依法应负赔偿责任之人有求偿权。

事件造成的损害、高空坠物造成的损害、见义勇为遭受的损害等，这些损害的发生与国家无关，但是国家有基于损害结果给予补偿保护的义务。不能直接归责于国家的损害，比如与战争相关导致的损害、犯罪被害人损害、疫苗预防接种损害等，这些损害的发生与国家不存在直接的因果关系。

二是必须遭受人身损害的事实后果。此处的损害是指生命、身体、健康、自由等基本权利以及法律保护的其他法益所遭受的不利益。首先，"所遭受侵害的法益"必须是法律值得保护的利益。非法利益则不属于法律补偿的范围，比如犯罪人在自己犯罪过程中，因为自己的犯罪行为误使自己身体遭受损害。其次，损害后果必须达到严重程度。如果是针对生命、健康、自由等的侵害，并非只要其遭受损害，就一律提供法律救济。如果对健康所产生的是微小侵害，如突发事件中对身体某一部位的擦伤或者小感冒等，则属于适用此处的损害。因为在该损害中，还存在更高位阶需要保护的利益。[1] 最后，损害必须是客观事实，也就是说社会补偿必须以合法权益遭受损害为前提，有损害才会有补偿救济。

三是因果关系的成立。因果关系是行为人行为和损害结果之间的引起与被引起的关系。在侵权损害赔偿制度中因果关系原则上是构成侵权责任成立的前提条件。但是与侵权责任法中因果关系不同的是，社会补偿中的因果关系标准更低一些，无须受害人举证证明，一般采用相当因果关系说，由事实推定因果关系即可。一个既定的偶然事件满足以下两个条件时，才作为损害的相当原因：一是它必须是这一损害的一个必要条件；二是它必须极大地"增加了"这一损害发生的"客观概然性"。[2] 在社会补偿中，只要有特定风险事件的出现，导致受害人遭受生命、身

---

① [奥] 海尔姆特·库齐奥：《侵权责任法的基本问题（第一卷）：德语国家的视角》，朱岩译，北京大学出版社 2017 年版，第 175 页。

② [美] H. L. A. 哈特等：《法律中的因果关系》，张绍谦、孙战国译，中国政法大学出版社2005 年版，第 425 页。

体、健康等人身损害，就可以视为风险与损害结果之间存在因果关系的可能性。

　　四是无法通过其他法律途径获得补偿。除了法定补偿类型以外，还有一种特定情况就是多种损害赔偿制度都存在时，需考虑社会补偿成立的问题。因为在某些风险损害发生后，同时会涉及多种不同的损害赔偿制度及社会保障制度，如果能够依据侵权损害赔偿制度、国家赔偿制度、行政补偿制度或其他社会保障制度获得救济，则无法再申请社会补偿。也就是说，只有在无法通过其他损害赔偿制度、社会保障制度获得补偿的情况时，包括侵权行为人无力负担损害赔偿责任时，遭受损害人才可以通过申请社会补偿获得救济，由共同体责任协助其维持基本生活安定，恢复生命健康安全。

　　五是必须具有实定法的依据。社会补偿是以分担风险、维护公共利益、实现社会公平为目的的损害赔偿制度，也是在无法通过其他法律途径获得损害赔偿或补偿时，为了保障受害人基本生存权利的损害救济制度。整个社会补偿制度的建构不是毫无限制地通过自由裁量权进行判断，而是要以法律法规作为补偿的依据和标准，这也是补偿法定的内在要求。

　　六是社会补偿的排除情形。社会补偿中国家承担无过错的结果责任，但在适度适用中，这样的归责原则并不吸纳遭受损害主体自己的任何过错，即并不忽略受害人是否具有主观过错。社会补偿的排除事由包括：一是可归责于遭受损害主体的事由；二是遭受损害主体存在主观恶意。如果遭受损害主体具有追求某种损害结果的主观故意，如自杀自残损害，或者对于损害结果应当预见、已经预见的基础上存在消极放任的故意或重大过失，如主动将自己置于特定危险境地而遭受的损害，这些都明显超出一般风险损害中国家责任的支配范围，遭受风险损害的人因为其自身"有责性"而无法获得补偿。

（二）国家给付的方式与标准

在人身意外伤害的情况下，每个国家赔偿制度主要的甚至唯一的目的就是补偿。① 整个社会补偿制度的功能发挥都离不开社会补偿的具体给付。对于来源于税收的社会补偿基金，国家给付的资源分配应该注重实现公共性，并且符合公平性、效率性以及经济性的要求。② 国家补偿给付的辅助照顾原则既体现了国家对遭受特定损害群体的安全保护义务，也体现了受害人获得社会补偿的必要性以及政府财政给付能力的平衡。然而，社会补偿给付与其他行政给付一样，都具有广泛的行政裁量属性，对于给付构成要件的解释，给付项目、方式、标准的确定以及法律效果的选择等都要依赖行政司法手段的界限和范围。这意味着整个制度的关键性问题是国家如何在保障公民自由权和实现社会权之间寻求平衡。③

1. 社会补偿的方式

一般而言，社会补偿的方式主要包含金钱给付、实物给付及服务给付。

首先，金钱给付包括一次性金钱给付和持续性金钱给付。一次性金钱给付包含医疗补助金、诊疗救治费、收入损失补贴、生活护理费、伤残死亡补助费、丧葬补助金、供养亲属抚恤金等。持续性金钱给付包含按特定周期领取的伤残补贴、传染病患者后遗症的诊疗救治费用及基本生活补贴等。德国对受害人的补偿依据损害程度的不同分别制定补偿金标准，如健康损害程度分为 10 至 100，若损害程度为 30 和 40 的，则可

---

① ［英］W. V. 霍顿·罗杰斯：《比较法视野下的非金钱损失赔偿》，徐翠霞译，中国法制出版社 2012 年版，第 336 页。

② 沈政雄：《社会保障给付之行政法学分析——给付行政法论之在开发》，元照出版有限公司 2011 年版，第 14 页。

③ 喻少如：《论行政给付中的国家辅助性原则》，载《暨南学报（哲学社会科学版）》2010年第 6 期。

每月获得 1400 欧元赔偿金；若损害程度为 100，则可以每月获得 20000
欧元赔偿金；对于遭受更严重损害后果的受害者，可以在一般赔偿金的
基础上每月增加 20%。① 当然受害人也可以在获批赔偿后一年内提出申
请获得遣散费，遣散费周期为五年，相当于前述各级损害的月赔偿金的
60 倍。② 在对遗属的补偿方面，可以每月支付 1055 欧元的赔偿金给死
者的配偶；若有未成年子女的，则每位未成年子女可多增加 50 欧元；③
若父母死亡，则孤儿每月可获得 390 欧元的赔偿金，直至其年满 18 周
岁。④ 对于符合申领条件的父母，若父母两人均健在，则每人每月可领
取 150 欧元赔偿金，若父母一人健在，则每月可领取 250 欧元赔偿金。⑤

其次，实物给付是指提供各类受害人医疗健康救治诊疗、基本生活
维持所需的各类实物。获得实物给付无须受害人提前缴费，例如为受害
人提供的医疗药品、医疗辅助器械以及生活所需的米、面、粮、油、衣
物等。

最后，服务给付是指国家为受害人提供的各类诊疗康复服务、维持
基本生活所必需的其他服务，例如疾病免费咨询服务、心理医生咨询服
务、职业训练服务、居家照顾服务、社区照护服务等。德国设立的创伤
门诊制度，主要是为受害人及亲属提供心理治疗，防止精神健康障碍发
展成长期症状。德国允许社会补偿机构与相关协会组织签订合作协议，
以确保能够为受益人提供更为全面的保障咨询和支持，协议内容会考虑
针对弱势群体成员的优惠。社会补偿机构也可以向这些组织提供一定的
物质和资金支持。⑥

德国社会补偿法中还设置快速帮助服务，主要包括病历管理服务和

---

① 德国《社会法典》第十四编第八十三条。
② 德国《社会法典》第十四编第八十四条。
③ 德国《社会法典》第十四编第八十五条第一款。
④ 德国《社会法典》第十四编第八十七条第一款。
⑤ 德国《社会法典》第十四编第八十八条第二款。
⑥ 德国《社会法典》第十四编第三十九条。

创伤门诊服务。如果受害人是遭受对生命、性自由的侵害，或者有害事件发生时仍为未成年人的，可以获得病例管理服务，管理人经过授权人书面同意，可以协助受害人处理申领社会补偿的各项程序事宜，如结合具体损害案件帮助受害人确定援助需求，申请法定的各类补偿福利等。① 创伤性门诊服务则是提供心理治疗干预，受害人及其家属、遗属可以在损害事件发生后的 12 个月内到创伤门诊接受早期的心理治疗干预；对于发生在 12 个月之前的损害事件导致精神压力的，也可以接受心理治疗。② 2022 年 10 月，德国颁布《关于社会补偿中的创伤门诊应达到的质量标准以及创伤门诊的义务的条例》，通过 14 个条文和 2 个详细的附件对创伤门诊中的人员资质、创伤门诊的数量、单次治疗的时长、创伤门诊的可及性以及保密义务等方面作了详细规定。③

2. 社会补偿的标准

社会补偿以保障人民享有一个合乎人性尊严的生存条件，保障受害人生命、健康安全及基本生活安全为对象，帮助减轻或者避免人民面临经济困境。确立衡平补偿机制的目的在于，一方面能够为特定风险损害提供独立于损害原因的迅速有效的赔偿，即社会补偿机构必须按照法定补偿内容给予补偿请求权人特定的补偿；另一方面，衡平补偿制度的设立并不是为了减轻侵权行为人的责任。在整个社会补偿制度设计中赋予国家具有向应对受害者承担侵权损害赔偿责任的第三人的追偿权。由侵权行为人承担社会补偿机构作为中间人向受害人支付的补偿金。社会保障制度会最低程度地赔偿受害者最迫切的要求，尽管并没能赔偿受害者因人身伤害或疾病而产生的全部损失，④ 但这体现了社会保障制度的补

---

① 德国《社会法典》第十四编第三十条。

② 德国《社会法典》第十四编第三十二条。

③ 吴逸越：《德国社会补偿法的困境与〈社会法典〉第 14 编的诞生》，载《德国研究》2023 年第 3 期。

④ ［奥］伯恩哈德·A. 科赫等：《比较法视野下的人身伤害赔偿》，陈永强、徐同远等译，中国法制出版社 2012 年版，第 454 页。

偿原则。国家的安全保障责任与公民遭受损害之间是一种间接关系，只是基于"社会国"原则、法治国家的要求，给予遭受特定损害公民的一种照顾和关怀，是一种社会福利，如果完全由国家承担补偿责任，则会对一般其他未遭受损害的群体产生新的不平等。因而，与财产损害赔偿的完全赔偿不同，社会补偿一般采用适当补偿原则。

适当补偿被称为相当补偿，法律可以规定对当事人受损权益的补偿，由法律权衡侵犯当事人权利的范围、程度以及公共利益的重要与急迫性与否。① 换句话说，对于损失的补偿，只要参照补偿时社会的一般观念，结合人民遭受权益损害的程度和需求、国家财力负担能力，按照一般公平、合理的补偿计算基准，计算合理金额予以补偿。社会补偿给付资金来自政府编列的预算资金及社会捐赠，这决定社会补偿通过社会分担风险的方式，降低、削弱风险对受害人生命、健康及基本生活损失的破坏，保证受害人能够维持一般的健康安全、生活有序的状态，因而这也决定社会补偿并非对个人损害的绝对完全填补。至于损害的完全填补仍需通过其他损害赔偿制度或者其他社会保障制度的救济路径获取。

社会补偿是当个人遭受特定损害时，国家通过履行照顾义务，概括承受特定风险事件导致的损害后果，一般抽象地将风险事件与损失结果的因果关系联系起来，依据风险大小与受害人需求多少来决定补偿给付标准。② 任何损害赔偿或损失补偿都要考虑过错责任和因果关系，社会补偿中国家的补偿相较于前者具有辅助性的特点，因而，社会补偿并不以完全赔偿为原则，而是以遭受损害的需求为补偿标准。一般应以可维持受害人的生命健康安全、基本生活安定为标准。补偿标准一般会结合国家经济发展水平，以保证财政给付的能力和水平，故以可持续性的适当给付为原则。此外，对于遭受损害人的治疗救助的补偿应当使损害所

---

① 陈新民：《中国行政法学原理》，中国政法大学出版社 2002 年版，第 272 页。
② 林嘉等：《突发公共卫生事件社会补偿制度的构建》，载《中国人民大学学报》2020 年第 5 期。

造成的影响尽可能消除，即尽可能保证受害者身体健康恢复至损害未发生时。而且一般这部分治疗救治给付请求会结合社会保障制度中的工伤保险、医疗保险、社会福利或者社会救助等制度功能共同分担。对于医疗保险、工伤保险、社会救助等制度给付时无法覆盖的情况，可由社会补偿基金兜底负担。

此外，社会补偿属于行政给付的一部分，除了以社会资金为来源，财政税收也是补偿基金的核心组成部分，社会补偿的标准和水平直接与国家经济社会发展水平相关。尽管社会补偿的方式有金钱给付、实物给付及服务给付等多种方式，但是仍然以金钱给付为主。这直接决定社会补偿的标准和水平应当与国家特定历史阶段的经济社会发展水平相适应，不能片面强调社会法在维护社会稳定、实现社会公平之间的作用，还要分析社会法在促进经济社会可持续发展方面的功能。如若社会补偿水平低于经济发展水平，则不能发挥社会补偿对受害人生命、身体、健康与基本生活的补偿救济功能，无从实现社会公平和社会正义，甚至制度的存在会诱发新的社会不公和矛盾。如若社会补偿水平高于经济发展水平，则会阻碍社会经济发展的效率与活力，会给国家、社会带来较为沉重的负担。因而，社会补偿制度的设计应当合理配置国家、社会、个人之间的权利和义务内容，尽可能兼顾经济发展效率与社会的公平正义。社会补偿需要结合经济社会发展的水平适度作出调整，既要能够发挥制度补偿的功能，实现公民权利损害的补偿，又要建立动态的补偿调整机制，根据物价水平、消费水平、工资水平等要素，适度提高社会补偿水平。

三、社会补偿基金的建立

（一）社会补偿基金的属性

社会补偿基金是社会补偿制度得以维持的物质基础，是社会补偿制度的核心内容之一。社会补偿基金的建立过程就是社会补偿基金筹集、支付、管理、运营和监督的过程。社会补偿基金是指依照法定程序和标准筹集的，为实施社会保障制度、保障社会补偿待遇给付而设置的专项资金。社会补偿基金以保障特定风险事件受害人的人身权益为目的，具有以下几项特点。

一是强制性。社会保障制度的建立和运营具有国家强制性的特点，社会补偿制度的实施运行也需要由国家强制性规范加以保障，而社会补偿基金是社会补偿制度实施的关键，因而，社会补偿基金也具有强制性的特点。这决定社会补偿基金的筹集、支付、管理、运营和监督等内容都必须依靠国家强制力保障实施。社会补偿基金的强制性主要体现在以下两个方面：一方面社会补偿基金具有法定性，既包含社会补偿基金财政预算的法定，即要求行政机关编制财政预算，并经过相关主管机构审核通过以后，才能具体执行（社会补偿基金的财政经费可以提前编制财政预算，将社会补偿基金的收入与支出列示在政府的经常性预算中）也包含社会补偿基金支出的法定。社会补偿给付属于社会保障给付的组成部分，对于受害人的损失补偿，必须严格按照法定申领程序、法定补偿标准以及法定补偿方式进行执行。另一方面，社会补偿基金具有公共性。社会补偿基金是为了保护社会公共利益，不以营利为目的。除了政府的财政预算，还有社会力量的慈善捐款以及其他特定参与主体的法定提拨款，政府为了保证社会补偿基金的安全与稳定，有义务对这些渠道的基金进行有力的监督与管理。此外，社会补偿基金具有收支平衡性，社会补偿基金的收入和支出要维持在一个大致平衡的状态，国家强制力对社会补偿基金的收入和支出进行调节，有助于限缩私法自治的空间，扩大公权力主体在社会补偿给付中的功能和作用，能够实现行政给付的法定性和规范性，以此维持社会补偿待遇给付的持续性和稳定性。

二是专用性。社会补偿基金与其他类型的基金一样，具有明确的界分。从基金的功能来看，社会补偿基金具有保护公共利益的作用，其设置的主要目的就是对遭受特定风险损害的受害人分散风险损害的后果，协助受害人恢复身体健康，恢复基本生活安定。这一功能目的直接决定社会补偿基金只能服务于为社会成员提供社会生活经济保障的目标，只能服务于社会补偿制度运行现实需求的目标。从基金的运营来看，社会补偿基金具有稳定的基金来源，具有特定的给付对象，具有明确的给付标准与给付方式，这决定了社会补偿基金的支出必须具有严格的针对性。一般而言，社会补偿基金可以由补偿机构直接负责或者由补偿机构下设单独的基金管理机构负责。补偿基金实行专项管理，专款专用。社会补偿基金的专用性能够在预防、分担社会风险损害中实现资金支出使用的公平公正性，能够在基金的运营中获得社会成员的普遍认可与支持，也能够在基金的运营、监督、管理中实现资金使用的安全稳定性。

三是互助性。社会补偿基金体现了遭受损害的社会成员与未遭受损害的社会成员之间的互助互济性，其原理就是通过社会共同体分散特定风险，以达到互助互济的补偿效果。对于公民个人因为牺牲遭受的损害，打破了公共负担的平等与公平，得到国家资助的意外事故或者刑事损害赔偿并不是基于国家的过失或者法定责任，而是属于分配正义的范围。① 当分配正义逐渐进入社会安全领域，那么安全不仅是一种社会目标，也是一种可分配的社会利益，毕竟不同的社会成员面对风险损害的抵御能力、面对安全的维持能力是有巨大差异的，尤其是社会弱势群体在风险损害面前是不堪一击的，靠基本医疗救治、基本生活维持都是濒临困境的。因而，建立社会补偿基金专门处理受害者的非财产权益补偿事宜，可以避免占用过多的公共资源而导致新的不公，使得人民法院免于承担过重的审判负担和舆论压力，节约司法资源。② 可以最大程度地平衡效率与公平两大价值，平衡形式正义与实质正义的关系，最大限度

---

① ［英］卡罗尔·哈洛：《国家责任：以侵权法为中心展开》，涂永前、马佳昌译，北京大学出版社 2009 年版，第 13 页。

② 张新宝等：《大规模侵权损害赔偿基金：基本原理与制度构建》，载《法律科学》2012 年第 1 期。

地满足受害人遭受的损失需求，最大限度地为分担社会成员的各项损害提供有力的资金保障。此外，社会补偿基金的来源不仅包含财政性资金，也包含非财政性资金，但无论何种来源的资金都纳入社会补偿基金中，归全体社会成员所有，具有极强的社会公共性，这一特点也直接体现了社会补偿基金的互助互济属性。

（二）社会补偿基金的筹集

在社会保障体系中，按照资金来源的不同可以分为缴费型社会保障制度和非缴费型社会保障制度。社会保险制度是最具代表性的缴费型社会保障制度，社会保险基金主要由参保人缴费获得，被保险人想要获得社会保障待遇需要以预先缴纳社会保险费为前提。而非缴费型社会保障制度则主要是以社会救助制度、社会补偿制度、社会福利制度为代表，相应制度的保障基金主要由国家财政负责筹集，社会保障对象无须以履行缴纳费用的义务作为获得社会保障待遇的前提。社会补偿基金是各项社会补偿的核心问题，没有足够的补偿基金，该制度就是无本之木，只能束之高阁。社会补偿制度属于通过社会整体分担个人损失或者救济受害人损害的制度，一般情况下，社会补偿基金是通过国家财政负担，并由国家编制预算的方式形成，以便对遭受风险损害的人提供经济上的补偿。但是在各项具体的社会补偿制度中，社会补偿基金除了政府财政，还会有其他更加多元化、社会化的资金来源。例如我国台湾地区《药害救济法》第 5 条对药害救济金的来源作出规定。① 此外，在中央财政负担和地方财政负担方面，德国规定联邦政府应承担有害事件损害给付

---

① 我国台湾地区《药害救济法》第 5 条规定：为办理药害救济业务，主管机关应设药害救济金，基金之来源如下：一、药物制造业者及输入业者缴纳之征收金；二、滞纳金；三、代位求偿之所得；四、捐赠收入；五、本基金之息；六、其他有关收入。我国台湾地区《传染病防治法》第 27 条规定：疫苗采购及预防接种之基金来源如下：一、政府编列预算之补助。二、公益彩券盈余、烟品健康福利捐。三、捐赠收入。四、本基金之孳息收入。五、其他有关收入。前项第三款之任何形式捐赠收入，不得使用于指定疫苗之采购。

中 40% 的现金给付支出，具有补偿管辖权的州政府承担 60% 的现金给付支出。对于实物给付的支出完全由各州政府承担。当然为支付或代替实物给付而支付的金额不纳入现金给付的金额中。① 如果受害人没有经常居住地，无法确定有管辖权的州政府，则由联邦政府全额负担社会补偿给付。②

2019 年 12 月，我国财政部等联合印发《关于修改退役安置等补助资金管理办法的通知》，其中明确规定优抚对象补助经费纳入各级政府预算，由中央和地方财政共同负担。中央财政按照规定标准对各地予以补助，并根据经济社会发展情况，适时适当提高抚恤补助标准。战争受害补偿是对作出特别牺牲群体的补偿，补偿基金仍需要由国家财政作为主要来源。此外，《中华人民共和国退役军人保障法》第十条③、《军人抚恤优待条例》第三条第 3 款④都表明除了财政资金以外，社会捐赠、社会基金等都可以用于军人优待抚恤事业，都可以作为补偿基金的来源。

就失独家庭补偿基金的来源而言，要按照事权与支出责任相适应的财政体制改革目标，中央和地方按比例安排国家规定的计划生育扶助保障项目所需经费。鼓励、引导社会资金投入，建立多渠道筹集资金机制，鼓励设立人口和计划生育公益基金。失独家庭补偿基金可以将国家财政、社会捐赠等资金作为主要基金来源。补偿基金投资运营产生的孳息收益、福利彩票的收入等也可以作为基金的来源。

就犯罪被害人补偿基金的来源而言，主要包括：一是国家财政。财政拨款是基金的主要来源，包含中央财政和地方财政。政府司法部门结

---

① 德国《社会法典》第十四编第一百三十三条。
② 德国《社会法典》第十四编第一百三十四条。
③ 《中华人民共和国退役军人保障法》第十条规定：国家鼓励和引导企业、社会组织、个人等社会力量依法通过捐赠、设立基金、志愿服务等方式为退役军人提供支持和帮助。
④ 《军人抚恤优待条例》第三条第 3 款规定：国家鼓励社会组织和个人对军人抚恤优待事业提供捐助。

合犯罪比率、刑事附带民事诉讼执行率、受害人生活标准等要件编制财政预算。地方财政可以根据该地区犯罪比率、刑事附带民事诉讼执行率、受害人生活标准等要素确定中央财政和地方财政的负担比例。二是刑事处罚中的罚金、没收财产的提取款。对于罚金、非法所得没收的财产可以一部分上缴国库，另一部分按照特定的比例提取作为补偿基金的来源。三是罪犯劳动改造收入所得的提取款。劳动改造既是罪犯教育的过程，也是劳动生产的过程。监狱劳动改造生产收入可以一部分上缴国库，另一部分按照特定比例提取至补偿基金。四是可以设定福利彩票，通过福彩收益充盈补偿基金。五是补偿基金运营的孳息收益。六是代位求偿所得。

就药害补偿基金的来源而言，药害补偿本质上是补偿社会化的体现，药品的研发、生产、上市、储备和供应都涉及多个主体，尽管药物的不良反应并非属于这些主体的加害行为，这些参与主体仍有责任最大限度降低不良反应的发生率，毕竟药品关乎广大公民的生命健康权，此处的药品责任要高于一般产品责任。这一责任的设定也会要求与药品相关的主体能够更加审慎地从事药品研发、生产、上市和使用。因而，药害补偿基金中非常重要的一个来源就是对药品上市许可持有人、药品生产经营企业的提拨款以及滞纳金。政府财政补贴、基金运营的孳息收入、社会捐赠、代位求偿所得等收入都可以作为补偿基金的来源。此外，疾病预防工作损害的发生一般与特定疾病或者突发事件的救治诊疗相伴，疾病预防工作的损害补偿经费可以在疫苗接种补偿基金、传染病防治财政资金、突发公共卫生事件补偿基金等中支出，无须再单独设置基金名目。

就预防接种损害补偿基金的来源而言，目前我国疫苗预防接种补偿基金主要来源于人民政府财政部门的预防接种经费。① 除此之外，疫苗批准许可时，可以向疫苗上市许可持有人、疫苗生产企业、疫苗销售企业等提取一定提拨款，纳入预防接种损害补偿基金。当然，社会福利捐款、福利彩票、基金的孳息收益等也是重要的资金来源。

就高空抛物、坠物补偿基金的来源而言，2019 年 10 月，最高人民法院发布《关于依法妥善审理高空抛物、坠物案件的意见》，其中第十五条②提出探索建立高空抛物事故社会救助基金。此处的"社会救助基金"是一种类似道路交通事故的社会救助基金，名为救助，实为补偿，这种提法与本书所主张的补偿基金具有共同之处。高空抛物、坠物补偿的基金原则上可以来源于财政资金，但是因为高空抛物、坠物的发生与建筑物本身存在密切联系，我国建筑物设置有住宅专项维修资金。由于全国维修资金余额规模日益庞大，未来可以考虑作为高空抛物、坠物补偿基金的一个重要来源。除了财政资金和住宅专项维修资金以外，中高楼建筑区物业费的提拨款、基金运营的孳息收入、社会捐赠、代位求偿所得等收入都可以作为补偿基金的来源。

就志愿服务受害补偿基金的来源而言，志愿服务是社会团结与社会互助的重要体现，是社会管理和公共服务的重要合作者，是社会公共利益的重要服务者。国家需要为志愿服务者遭受人身损害提供制度救济保障，也是国家推动志愿服务事业发展的重要表现。我们可通过编制国家财政预算的方式，由财政资金作为补偿基金的重要来源。由于志愿服务的参与主体具有广泛性、多元性，社会性的慈善捐赠也可作为志愿服务受害补偿基金的来源。此外，补偿基金投资运营产生的孳息收益、福利

---

① 《中华人民共和国疫苗管理法》第五十六条第 2 款规定：接种免疫规划疫苗所需的补偿费用，由省、自治区、直辖市人民政府财政部门在预防接种经费中安排；接种非免疫规划疫苗所需的补偿费用，由相关疫苗上市许可持有人承担。国家鼓励通过商业保险等多种形式对预防接种异常反应受种者予以补偿。

② 《关于依法妥善审理高空抛物、坠物案件的意见》第十五条中提出：支持各级政府有关部门探索建立高空抛物事故社会救助基金或者进行试点工作，对受害人损害进行合理分担。

彩票的收入等也可以作为基金的来源。

就见义勇为受害补偿基金的来源而言，可以在现有中华见义勇为基金会的基础之上进行完善和拓展。见义勇为基金的经费可以来自社会捐赠、社会性基金组织的基金，亦可以来源于财政拨款。此外，见义勇为基金运行产生的孳息、福利彩票的收益等也可以作为基金运行的来源。

（三）社会补偿基金的监管

社会补偿基金的运营管理必须在保证安全性、稳定性的基础之上才能实现自身的保值增值，才能实现对受害者的补偿需求，实现社会效果与经济效果的统一。从社会补偿基金的筹集渠道来看，社会补偿基金有一部分来源于财政资金，具有政府性基金的属性。对社会补偿基金实施运营监管，一方面，能够保障社会补偿基金的运营安全。如若社会补偿基金在筹集、运营中出现严重问题，将直接影响社会补偿待遇的给付能力，严重减损社会公众对社会补偿制度的信任，遏制社会补偿制度的功能。另一方面，能够发挥社会补偿基金的社会功能，社会补偿基金有一部分资金来源于社会多元化的资金，基金的运营具有社会性、福利性的功能，能够实现国家经济发展与社会民生改善目标的协同。

社会补偿基金监管是对社会补偿基金筹集、管理、运营、给付等过程的监督管理。社会补偿基金监管的目的就是保证任何人不得挤占、挪用社会补偿基金，这体现了对监管对象行为的约束，实质上是通过监管手段的实施，保障社会补偿制度的顺利运行，保障社会补偿基金的安全，保障实现社会补偿主体的各项权利。社会补偿基金监管根据模式的不同，可以分为集中监管和分散监管。集中监管是指依法由特定监管机关集中行使基金监管职能。分散监管是指由两个及以上的监管机关分别行使监督管理职能。不同的监管模式具有不同的优势和劣势，集中监管模式有助于实现统一的监管目标，形成体系化的监管规则。但是设置专门的监管机构及其运营成本相对较高。分散监管模式有助于降低监督管理成本，提升监督管理的专项性。但是各监管部门之间的协调配合会影响监管效率。以我国的社会保险基金监管为例，社会保险基金实行严格监管，各级人民政府都要建立社会保险基金的监督管理制度，具体监管主体主要包含权力机关的监管、行政机关的监管，由各级人民代表大会常务委员会、社会保险行政部门依法行使监督职权。此外，还有社会力量的监管，由用人单位代表、工会代表、专家等依法实施社会监督。我国社会补偿基金可以参考社会保险基金的监管经验，建立社会补偿基金的监管模式。一是社会补偿基金监管的目标。首先要防范基金运行风险，维持基金安全有效运行；其次要坚持基金保值增值，保持基金的稳定持续运行。二是社会补偿基金监管的顶层设计。首先，要建立基金监管制度规则，完善基金运营机制，丰富基金监管体系，不断提升社会补偿基金监管的法治化、规范化，如制定专项社会补偿基金监督管理办法。其次，要丰富基金监管主体，拓展基金监管方式，不断推进基金监管的专业化、多元化。如在国家机关监督层面，建立常态化的监督管理机制、内部财务审计机制等，发挥国家权力机关、行政机关依法对社会补偿基金的收支运营情况的监督管理职责。在社会监督层面，建立规范的外部审计监督机制、信息披露公开机制等，由相关部门定期、及时向社会公开社会补偿基金的收入、支出、管理、投资运营以及监督检查情况。三是社会补偿基金监管的具体规则，如要规范社会补偿基金运营、监管，明确各方主体的权、责、利；完善社会补偿基金筹集、划转规则。完善法律责任追究机制，引入行政责任、刑法责任相互衔接机制，对于侵占、挪用、贪污社会补偿基金的行为，依法追究其刑事责任。

第六章 CHAPTER 6

社会补偿制度体系的建构

一、社会补偿制度建构的基本思路

(一) 立法模式：长期与短期的综合审视

1. 域外社会补偿立法模式的类型

我国社会补偿的立法实践远落后于社会补偿的现实需求，当下的一个迫切任务就是研究制定符合我国基本国情，满足我国社会保障法律体系需求的社会补偿立法，这也要求我们需要了解先进国家的相关立法经验，通过对比借鉴为我国的社会补偿制度决策提供参考。立法模式是指一个国家或地区在社会补偿立法过程中，立法机关所采用的立法方法、结构、体例及形态的总称，一般统指法律以何种形态为表现。① 本书所称的社会补偿立法模式是指在一个国家或地区的社会补偿立法中，立法机关所采用的立法结构、体例的总称，是社会补偿法律制度的内容以何种样态作为表现的最直观的判断依据，可分为集中立法模式、分散立法模式、附属立法模式三种。集中立法模式是指一个国家或地区立法机关制定一部内容全面的社会补偿法，较为完整地规定社会补偿制度的各项内容，也可以称之为统一立法模式。采用集中立法模式的特点在于将社会补偿制度内容集中于某一部法律之中，形成集中、统一、规范、全面的社会补偿法律，具有内部的自洽完整性以及外在的开放包容性，最具代表性的就是德国。德国以社会补偿制度的统合为目的，分别将战争、暴力犯罪被害人、预防注射损害以及军人照抚的构成要件加以整合，形成德国的《社会补偿法》，并作为《社会法典》的第十四编。该部法律既包含社会补偿的一般规定，如社会补偿的立法目的、适用条件与范围、补偿申领程序等内容，也包含具体的补偿制度内容，如不同类型补

---

① 竺效等：《境外社会工作立法模式研究及其对我国的启示》，载《政治与法律》2008 年第 10 期。

偿的给付方式、给付标准、费用分担、给付内容、诉讼时效等内容。分散立法模式，也可以称为单项立法模式，是指在多部法律中分别规定社会补偿各方面制度的立法模式。采用分散立法模式的特点在于存在相关的不同层级的多部法律规范，甚至有些法律规范是并行的，且每部内容均不够全面，一般一部法律规范只涉及社会补偿的某一方面或几个方面制度，只有把多部法律规范内容综合起来，才能够形成关于社会补偿的比较完整的法律制度，如我国台湾地区的《犯罪被害人保护法》是对遭受暴力行为损害的补偿；《药害救济法》是对正当使用合法药物所遭受损害的补偿等。附属立法模式是指在其他法律规范中附带地规定社会补偿某一方面或几个方面制度的立法模式。采用附属立法模式的特点在于此处的"其他法律规范"并非专门规定社会补偿的法律规范，但是在某些章节内容中附带规定社会补偿的某一方面或某几方面的内容，社会补偿并非该法律规范的立法重点。如我国台湾地区的《传染病防治法》第30条规定因疫苗预防接种而遭受损害的，有权请求救济补偿；第74条规定因法定类型传染病防治工作而遭受损害的，可以获得伤病、死亡补助、子女教育费用补偿等。

2. 我国社会补偿立法模式的选择

一般而言，立法契机的选择需要考虑社会现实的客观需求、法律制度的漏洞填补以及国家政策的支撑力度等要素。从我国现实的客观需求来看，社会风险损害或者意外事故对公民生命、健康、自由等基本权利损害的常态化成为社会补偿制度生成的动因，立法机关需要基于风险损害的预防与分散对公民损害救济的立法诉求作出回应，毕竟对风险损害的分配也是社会公平的重要手段。从法律制度的漏洞填补来看，社会补偿能够填补侵权损害赔偿制度对人身损害填补的不足，又能弥补国家赔偿、行政补偿对生命、身体、健康等人身损害的漏洞，还能扩展社会保障制度的安全网范围，法律制度体系的自我完善成为社会补偿立法的推手。从国家政策的支持来看，在"民生保障""社会公平""社会治理""国家安全"等迅速成为新时期中国法治建设的时代任务和价值取向背景下，尤其是在全面依法治国战略布局、法治国家建设战略实施以及中国特色社会主义法律体系日益完备的形势下，构建与社会建设战略相匹配、与人民对于美好生活的向往需求相符合的社会法成为我国国家立法中的战略重点与优先领域。社会补偿作为社会保障法的重要组成部分，恰恰能够与国家治理的战略目标保持一致。各项补偿政策的制定和法治化成为社会补偿制度建构的重要渊源。概言之，当下我国社会补偿制度的立法工作恰逢一定的时代契机。不同国家或地区对于社会补偿立法模式的选择，除了要考虑立法契机，还要考虑本国、本地区社会保障制度的发展阶段、社会福利给付水平以及立法传统等诸多要素。但是无论最终采用何种立法模式，都是为了实现社会补偿的制度目的，健全社会保障制度体系。

就我国而言，从长期发展来看，仍需要以构建集中的《社会补偿法》为最终目标，将社会补偿制度纳入我国社会保障法体系中，与其他社会保障制度形成良性互动，共同完善我国多层次、多元化的社会安全保障网。采用集中的社会补偿立法模式，有助于形成内容综合全面、章节逻辑严谨、实体权利与程序权利完整的制度体系，避免分散立法、附属立法可能造成的"权宜之计""多头立法"等混乱情形。从近期来看，受制于社会补偿制度的理论研究水平、社会保障给付水平以及社会补偿立法技术水平等因素，我们可考虑采取分散立法与附属立法相结合的立法模式，分类型、分阶段逐步完善我国社会补偿制度体系。首先，对于我国单行立法实践比较成熟的制度，可以继续沿用分散立法模式，比如我国军人优待抚恤可以通过进一步的制度整合，再加入和平年代军事演习等对公民造成的损害补偿，形成与战争损害相关的补偿制度；比如可以在完善和发展司法救助制度基础之上形成犯罪被害人补偿的单独制度；对于药害损害，可以单独设立要害补偿法律制度。其次，对于立法实践不成熟的制度，可以在现有法律规范中，通过附属立法的方式，加入相应风险损害的补偿内容，比如在《中华人民共和国突发事件应对法》中增加突发公共卫生事件和社会安全事件遭受损害的补偿内容，增加对从事突发事件应对的工作人员遭受损害的补偿；在《中华人民共和国传染病防治法》中增加对突发公共卫生事件受害人的医疗诊治费用补偿等；在《志愿服务条例》以及相关志愿服务立法中，增加对因参加各类志愿服务活动遭受损害的补偿；在见义勇为的立法中，增加对见义勇为者的损害补偿等。

（二）类型体系：以损害发生的原因为标准

就社会补偿类型体系的标准而言，社会补偿是对过去遭受特定损害而给予的补偿，始终以发生损害的特定原因为前提。不同的损害原因构成不同的损害类型，不同的损害类型对应着不同的补偿要件和补偿内容。传统意义上国家对特定群体的人身损害补偿，一般局限于人民因为特定义务作出公益牺牲的情形。但是随着社会性风险事件的增多、国家安全保护义务的扩张、社会保障制度的完善，对于特别牺牲的补偿已经不局限于特定义务群体的牺牲，对于人民遭受突发性的、可能危及整个社会利益的事件损害牺牲、对于人民"自愿""主动"为整体利益所作的牺牲，以及出于"特定义务"、"自愿"为"特定人"作出的牺牲，都有必要纳入社会补偿的范围。结合社会补偿制度的基本法理与我国现存的补偿类型，按照损害发生的原因不同，我们可以将社会补偿制度划分为以下类型：一是基于特别牺牲所生的补偿，最为典型的制度就是战争受害补偿、失独家庭补偿。其中，军人及其家属为了支持国家国防事业发展、巩固国家国防力量作出一定的牺牲；独生子女家庭为了国家人口调控、社会协调发展作出特定的牺牲，极大地增加了家庭可能面临的子女风险，国家应该针对这部分牺牲给予一定的补偿。二是基于社会连带所生的补偿制度，最为典型的制度是犯罪被害人补偿、药害补偿、疾病预防损害补偿、高空抛物坠物致害补偿。此类风险事件的发生是每个社会个体都会面对的风险，基于社会成员之间的连带性，将个人所承受之损害通过全体社会成员共同分担，有利于社会整体的安定。三是基于突发公共安全事件损害的补偿。主要包括突发公共卫生事件补偿以及社会安全事件补偿，此类事件的发生具有极大破坏性与损害的严重性，在不存在侵权责任主体的情况下，受害人难以自己承担损害后果，国家基于安全保护义务，需要保障受害人生命健康的恢复和基本生活的维持。四是基于公共利益保护所生损害的补偿，最典型的制度是见义勇为补偿、志愿服务补偿。二者都是特定个体"自愿""主动"保护国家利益、公共利益、他人利益而遭受的损害。社会保障制度的发展表明，社会政策是通过类型化来完成的。一方面根据社会特定的情况进行安排，另一方面按照特定的群体化来实现。类型化所包含的内容及其所排除的内容之间形成张力，从而推动新类型的形成、旧类型的归纳与重塑，我们在"旧社会问题""工人问题"和"新社会问题"之间再次辩证地认识到"新社会问题"的丰富性。① 社会补偿制度体系类型也是如此，随着社会新的类型化问题的出现以及人民对于风险应对需求的增加，社会补偿体系的具体类型也将作出不同的调整和完善。

二、基于特别牺牲所生的补偿制度

无论是战争还是失独，都属于无法自我选择、自我规避的一项风险。战争的策动与国家安全和国家利益具有直接关系，为该部分国家利益所付出的负担应分配给整个国家，而不是由特定受害人负担。失独家庭的问题是国家政策强制带来的时代风险，毕竟独生子女家庭在很大程度上并非公民自愿选择的结果，而是政府在特定背景下通过行政方式干预生育的临时性手段。失独家庭因为严格遵守计划生育政策而遭受子女

---

① Hans F. Zacher, Der Sozialstaat als Prozeß, Zeitschrift für die gesamte Staatswissenschaft, 134 (1978), S. 15 – 36.

风险损失时，不能成为独自负担不利风险损害的个体，理应得到社会的保障和补偿。一方面，独生子女家庭只生一个孩子而遭受的不确定性风险损失，构成个体家庭利益的特别牺牲；另一方面，国家是计划生育政策的制定者，理应为独生子女家庭面临的失独风险履行保护义务。二者的共同特性都是为了实现特定的国家利益或社会利益，而使社会成员中的某些个体作出特别的利益牺牲。国家应通过强制性规范对作出的特别牺牲予以补偿，在国家、受害人及其他未遭受损害的社会成员之间形成新的利益平衡。

(一) 战争受害补偿

我国对于战争相关事件导致人身损害补偿的内容主要体现在军人优待抚恤制度中。目前，我国军人优抚保障制度体系以行政法规和部门规章为主，立法层级较低，优抚对象仍以困难群体为主，保障水平较低，并未充分体现优抚对象特别牺牲的补偿；优抚制度授权性条款居多，地方优抚待遇差异较大，这些问题亟须优待抚恤制度的体系化和规范化。

与战争相关事件的补偿除了军人优抚，还有一个重要面向是平民遭受战争相关事件所产生人身损害的补偿，目前这一内容在我国补偿制度中仍处于不足状态。2010 年 2 月审议通过的《中华人民共和国国防动员法》第十章对"民用资源征用与补偿"作出详细规定，但此处的补偿是对公民经济损失的补偿，并不涉及人身损害的补偿。按照《中华人民共和国国防法》第五十一条、第五十八条第 2 款①所规定的国家补偿适用的条件都是军事活动给公民经济财产造成损害的情形，无法适用于军事活动对公民造成人身损害或死亡的情况。2015 年 7 月，第十二

---

① 《中华人民共和国国防法》第五十一条规定：国家根据国防动员需要，可以依法征收、征用组织和个人的设备设施、交通工具、场所和其他财产。县级以上人民政府对被征收、征用者因征收、征用所造成的直接经济损失，按照国家有关规定给予公平、合理的补偿。第五十八条第 2 款规定：公民和组织因国防建设和军事活动在经济上受到直接损失的，可以依照国家有关规定获得补偿。

届全国人大常务委员会审议通过的《中华人民共和国国家安全法》，是我国第一部综合性的国家安全立法。该法第八十一条①除了对公民遭受的财产损害予以补偿作出规定，也将国家安全工作对公民造成的人身损害或死亡作为国家补偿责任的一部分，相较于其他法律而言，《中华人民共和国国家安全法》对公民人身损害作出了补偿规定属于重要进步，但此处仍属于原则性的规定，缺少具体的可供操作的补偿规则。实践中，公民牺牲被评定为烈士的情形是有严格限制的，和遭受损害的补偿二者并不完全一致。整体上，与国防安全、战争防御相关的军事活动给公民造成的损害补偿仍更侧重于财产损害的补偿，对公民生命、身体、健康等人身损害的补偿仍处于空缺状态。

我国的战争受害补偿应该是囊括军人和平民在内的基于战争受害补偿的体系，并且需要完善抚恤优待标准，提高抚恤优待水平，促进形成军民深度融合发展格局。就战争受害补偿的对象而言，对于因与战争国防相关事件而遭受生命、身体、健康损害，无法获得侵权损害赔偿、国家赔偿、行政补偿或者其他社会保障制度救济，或虽已获得救济，但赔偿力度不足，无法维持生命健康，无法维持基本生活的受害人及其遗属都有权申请获得补偿。此处"与战争国防相关的事件"是一个广义理解，既包含过去发生的作战事件，也包含现在开展的国防军事活动。

民政部的退役军人优抚安置职责，人力资源和社会保障部的军官转业安置职责，以及中央军委政治工作部、后勤保障部有关职责整合，组建退役军人事务部，作为国务院组成部门。下设拥军优抚司承担协调指导全国拥军优属工作，指导做好地方支持军队相关工作，承担现役军人、退役军人、军队文职人员和军属优待、抚恤等工作。下设褒扬纪念司（国际合作司），承担烈士褒扬、纪念设施管理保护工作，承担中央

---

① 《中华人民共和国国家安全法》第八十一条规定：公民和组织因支持、协助国家安全工作导致财产损失的，按照国家有关规定给予补偿；造成人身伤害或者死亡的，按照国家有关规定给予抚恤优待。

和国家机关负责的烈士评定和全国烈士备案事项等。因而，继续由退役军人事务部负责战争受害补偿工作更为适宜。对于战争受害补偿政策、标准，体系建设等工作，以及受害人申请、审核、给付等具体工作，可以在退役军人事务部内单设相应补偿机构负责。

就战争受害补偿的构成要件而言，一是主体要件，受害人以及遗属符合申请社会补偿的主体要件。二是行为要件，为了国家国防安全的需要，由与战争国防相关事件所引发的损害；与战争国防安全有关的事件引发的损害不属于该补偿范围。三是损害结果要件，损害后果必须是对生命、身体、健康等人身利益损害，且损害必须达到严重的程度，如重伤、残疾、死亡等。四是因果关系要件，与战争国防安全有关的事件与受害人遭受的损害存在相当因果关系。五是除外情形，受害人过错导致损害后果的不得申请补偿，如受害人的自杀行为等。

（二）失独家庭补偿

由于实施独生子女生育政策，我国人口规模缩减，为控制世界总人口规模作出卓越贡献。独生子女政策导致独生子女风险事件的发生，呈现出极大的风险性和脆弱性，因为独生子女的伤残或死亡都会导致一个家庭的破碎，成为社会的永久创伤。独生子女政策的实行使失独家庭的数量日益攀升。2010 年第六次全国人口普查结果表明，我国失独家庭户总量为 66 万户；[1] 预计 2050 年失独家庭数量，大概率将达到 450万。[2] 失独家庭一般是指实行计划生育政策以来，独生子女由于主客观因素伤、病残或死亡后，父母未再生育或领养子女的家庭。经济困难、精神困境、健康问题、养老难题及婚姻家庭破裂是失独家庭面临的主要

---

[1]　国家统计局人口和就业统计司课题组等：《中国失独妇女及其家庭状况研究》，载《调研世界》2015 年第 5 期。

[2]　王广州：《中国失独妇女总量、结构及变动趋势计算机仿真研究》，载《人口与经济》2016 年第 5 期。

困境。① 近年来，随着失独家庭夫妇的年纪越来越大，对于失独家庭补偿的呼声和需求越来越高，迫切需要在现有独生子女伤残死亡家庭扶助制度的基础上，进一步构建失独家庭补偿制度。

就失独家庭补偿的对象而言，自实行计划生育政策以来，独生子女伤、病残或死亡后未再生育或收养子女家庭的夫妻都有权申请获得补偿，此处既包括永久性失独家庭，也包括暂时性失独家庭。《关于印发全国独生子女伤残死亡家庭扶助制度试点方案的通知》，其中规定"失独家庭"应符合以下条件：一是 1933 年 1 月 1 日以后出生；二是女方年满 49 周岁；三是只生育一个子女或合法收养一个子女；四是现无存活子女或独生子女被依法鉴定为残疾（伤病残达到三级以上）。对于独生子女伤、病残或死亡而女方尚未达到 49 周岁的家庭，可以为其提供精神抚慰、经济救助和医学咨询指导等服务，帮助有再生育意愿的家庭实现再生育。当然，如果无法实现再生育，年满 49 周岁可以继续申领补偿。该规定一直适用至今，失独家庭补偿制度也可以参考该年龄设定申请资格。

就失独家庭补偿的机构而言，国家卫生健康委员会负责计划生育管理和服务工作，并由人口监测与家庭发展司负责建立和完善计划生育特殊家庭扶助制度。国家卫生健康委员会继续负责落实失独家庭补偿制度，即对计划生育特殊家庭扶助制度的发展和完善，失独家庭具体的补偿政策、标准制定、体系建设等工作，以及受害人社会补偿的申请、审核、给付等具体工作。

就失独家庭补偿的构成要件而言，一是主体要件，符合申请条件的失独家庭夫妻均可申请。二是行为要件，独生子女家庭中的子女因为主客观原因，发生死亡、伤残等情况，且夫妻未再生育或收养子女。此处，子女发生死亡或伤残的原因可以是侵害行为，也可以是不可抗力、

① 武萍等：《失独家庭养老服务法律保障问题研究》，社会科学文献出版社 2019 年版，第 21 页。

意外灾害等事件。三是损害结果要件，子女遭受的损害需达到严重的程度，比如死亡或重伤、残疾等；对于轻伤、轻微伤的损害不在此补偿范围。四是除外情形，独生子女的死亡伤残损害已经足额获得其他损害赔偿或补偿的，不得再申请补偿。这意味着独生子女若遭受侵权行为损害，在侵权行为人无力负担的情形时，失独家庭的夫妻仍然可以申请失独家庭补偿。

三、基于社会连带所生的补偿制度

社会连带根植于人的群居性，尽管个人具有独立性，但是获得求生和安全是所有社会成员共同的需求。这种社会连带强调社会成员之间的互助和财富资源的所得分配，同时基于社会连带建立的重新分配机制，使自己可以帮助其他社会成员，也能够使自己获得其他社会成员的帮助。在社会补偿制度体系下，犯罪被害人补偿、药害补偿、疫病预防损害补偿以及高空抛物、坠物致害补偿都具有极强的社会连带属性：每一个受害人都是社会中的独立个体，但因为遭受这些特定意外伤害导致受害人成为社会中的弱势群体，在无法确认加害人，或者虽有加害人但无力承担损害赔偿责任的时候，损害后果若是只能由受害人一方承担是有损公平的。因而，需要通过社会补偿机制，将风险损害的责任分担不只是在受害人、加害人之间流转，而是拓展至社会全体成员之间流转，分散受害人的损害后果，协助受害人恢复身体、生命健康，保护受害人具有维持基本生活的能力。

（一）犯罪被害人补偿

随着国家权利和角色地位的变化，我国刑事责任的结构经历了从"国家—加害人"二元主体向"国家—被害人—加害人"三元主体的转变，这是被害人主体地位提升的结果，也是被害人权利恢复保护、获得国家认可的结果。这一变化显著地体现在被害人及其家属开始参与到刑事量刑、刑事谅解与和解等制度之中。在现有的刑事谅解、和解中，往往会形成"赔钱减刑"的结果，既不利于发挥刑法对犯罪人的惩戒功能，又将引发贫富不均的社会矛盾。此外，刑事犯罪引起的民事赔偿案件的执行难是非常突出的问题。据估计，80%以上的附带民事赔偿案件根本无法执行。[①] 当量刑成为一种金钱交易时，会直接导致刑事附带民事赔偿偏离制度设计的初衷。犯罪被害人补偿是指在刑事犯罪被害人无法获得损害赔偿或者虽已获得刑事附带民事赔偿，但赔偿力度不足，无法维持基本生活的情况下，由国家基于法律规定的安全保护义务，给予刑事犯罪被害人或其他法定权利人一定补偿，弥补其因刑事犯罪所遭受的生命、身体、健康等人身损害。当加害人进行赔偿与否成为量刑中一个次要考虑要素时，才能保证刑事量刑在法律框架内实现最大限度的公平正义。

就犯罪被害人补偿对象而言，因遭受犯罪行为侵害，导致生命、身体、健康等人身利益遭受损害，无法获得刑事附带民事赔偿或者虽已获得刑事附带民事赔偿，但赔偿力度不足，无法维持生命健康、基本生活安全的受害人以及遗属都有权申请获得社会补偿。

就犯罪被害人补偿的机构而言，目前从国外实践来看，有的设置在社会保险福利部门，如德国的劳动与社会保障部门；有的设置在法院，如法国设于地方法院内的补偿委员会；还有的设立专门的补偿组织机构，如英国的刑事损害补偿局；有的由行政机关负责补偿事务，如日本的公安委员会。[②] 不同设置模式各有利弊，设定在法院内部，可以方便补偿认定，但法院本身已经存在执行难的问题，再附加补偿发放，则可能会增加更多的负担。当然，单独另设补偿机关，可以独立处理补偿事

---

① 杨会新：《"被害人保护"与"刑罚轻缓化"：刑事和解不能承受之重》，载《法律科学（西北政法大学学报）》2011年第6期。

② 曲涛：《刑事被害人补偿制度研究》，法制出版社2008年版，第248页。

由，但新设机构也会增加新设、管理成本。相比较而言，我们可以考虑授权除法院以外的国家其他某一行政机构具体负责犯罪被害人补偿事宜，该机构只需要负责补偿的申领、审议、复议、发放。该机构内部可以设置审议委员会、复审委员会，对补偿请求涉及的各类医学、法学问题进行综合审议。

就犯罪被害人补偿的构成要件而言，一是主体要件。犯罪行为人与被害人都要符合法定条件。二是行为要件。首先，犯罪行为的性质只要符合刑法规定的犯罪即可，无论故意或者过失犯罪的被害人都应该获得补偿。其次，在中国境内（包含具有中国籍的航空器、船舶等）以故意或过失发生犯罪行为，造成他人生命、身体、健康等人身利益遭受损害的。最后，犯罪行为的刑罚并不以刑事诉讼的结果为前提，即无论犯罪行为人最后是否被定罪判刑，是否真正受到刑罚处罚均不影响申领社会补偿。例如对于精神病人、未达到刑事责任年龄的人实施的犯罪行为受害人，都应该有权获得社会补偿。如果犯罪行为人主体不明确，或者在逃，或者失踪，或者死亡，受害人都可以申领社会补偿。三是损害结果要件。首先，造成的损害后果必须是人身利益损害。其次，人身损害必须达到重伤或死亡的严重程度。如果受害人只是轻伤，则不属于申领补偿的条件。四是因果关系要件。犯罪行为只要客观造成被害人的损害结果达到法律规定的条件即可，无须被害人举证。五是申领要件。坚持以申请主义为原则，职权主义为辅助。一般而言，只有受害人向补偿机关提出申请才能启动社会补偿程序，当符合犯罪被害人补偿条件时，可以获得相应补偿。但是对于遭受性暴力犯罪或者其他侵害未成年人的受害人补偿，如果受害人或者其家属没有申请，也可以由补偿机关依职权发起补偿程序。六是排除要件。受害人对犯罪行为的发生不存在可归责的事由，即不存在故意或重大过失等主观过错。例如被害人承诺、教唆、帮助加害人犯罪的情形；被害人以暴力、强迫等不正当行为引发犯罪的情形；被害人的自杀情形等都属于犯罪被害人补偿的排除情形。

（二）药害补偿

药害补偿是指对按照药品说明书正常合理使用药物而发生不良反应致人生命、健康发生损害的事件。基于补偿的救济机制，即对合格药品可能对患者造成的生命健康损害的补偿。药害事件具有极为特殊的特点，一是药品自身兼具安全性和有效性。药品在投入市场之前已经进行多轮的安全性、有效性测试，既要能够实现对疾病的预防治疗，又要能够做到对患者的生命健康损害最小。由于各个国家都对药品安全极为重视，从药品的研发、生产和销售都有严格管控，最终能够正常上市流通的药物都是经过国家认证、许可使用的药品，一般视为不具有危害性的合法药品。二是药品损害兼具发生不确定性和损失巨大性。能够在市场上流通的药品不良反应相较于药品正常的治疗效果是微乎其微的，不良反应的发生属于小概率事件，而且会因每个患者的身体状况有所差异。但是小概率事件一旦发生，将会对人的生命健康造成极大的破坏，严重损害具有不可逆性，以至于患者会陷入更加糟糕的身体状态，严重的会诱发死亡。三是药害救济兼具紧迫性和持续性。药品导致身体的损害是极为紧迫的，第一时间最重要的就是对患者进行医疗救治，恢复身体健康，维持基本生存。而且不良反应造成的损害可能具有持续性，患者很可能一辈子都将与不良反应疾病共存，补偿救济的时间跨度较长。上述这些特点使得药害救济无法在产品责任或者医疗技术责任的框架内解决，促使药害责任从过错责任转向无过错责任，从侵权损害赔偿走向社会补偿。

尽管按照《中华人民共和国药品管理法》《药品不良反应报告和监测管理办法》的规定，初步建立了药品不良反应报告和监测管理机制，这对于规范药品生产经营活动、加强药品监督管理、保障公众用药需求发挥了重要作用，但是这些法律规范并未对遭受药品不良反应受害者的补偿责任及权利救济作出规定，即便是由药品上市许可持有人承担民事责任，受制于赔偿能力，仍无法满足大量受害人的赔偿需求。即便药品上市许可持有人承担行政处罚、刑事责任，也无法实现受害人的赔偿诉求。当前，在所有由药品引发的不良反应损害中，我国只有对疫苗接种引起的不良反应规定了相应的赔偿救济，但对于其他药物不良反应所造成损害的赔偿救济暂时处于空白状态。

就药害补偿的对象而言，对于正当合理使用合法药品而遭受生命、健康损害，无法获得侵权损害赔偿或者其他社会保障制度救济，或虽已获得救济，但赔偿力度不足，无法维持生命健康，无法维持基本生活的受害人及其遗属都有权申请获得补偿。此处"正当合理"是指患者严格按照医药人员或者医药说明书的要求使用药物。

就药害补偿的机构而言，国家药品监督管理局主要负责化妆品、药品、医疗器械的注册并实施监督管理。国家卫生健康委员会主要职责是拟订国民健康政策，监督管理公共卫生、医疗服务和卫生应急，组织制定国家基本药物制度，协调推进深化医药卫生体制改革等。相较于药品监督管理的职能，药品不良反应导致损害的补偿主要涉及受害人生命、健康的医疗救治，因而，由国家卫生健康委员会具体负责药害补偿事宜更为合适。对于药害补偿政策、标准制定、体系建设等工作，以及受害人社会补偿的申请、审核、给付等具体工作，可以在国家卫生健康委内部单设药害补偿机构，对于符合受害人申领条件的，由该社会补偿机构作出社会补偿给付的决定。

就药害补偿的构成要件而言，一是主体要件，受害人以及遗属符合申请社会补偿的主体要件。二是行为要件，受害人存在正当合理使用合法药物的行为，在使用合法药物中不存在过错。如系因为受害人过错，未合理使用药物，则不符合获得补偿的条件。药物引起的不良反应属于与药品自身治疗目的无关，亦不属于药物自身产生的副作用。三是损害结果要件，药物造成的损害后果必须是对生命、身体、健康等人身利益的损害，如果是财产利益损害，则也不属于补偿的范围；且损害必须达到严重的程度，如重伤或死亡。四是因果关系要件，药物引起的不良反应与受害人遭受的损害存在相当因果关系。五是除外情形，有证据证明损害是由药品上市许可持有人、医疗机构及医疗机构从业人员、药品生产经营企业的侵权行为引起的，且已经获得损害赔偿，不得申请补偿；受害人过错导致损害后果的不得申请补偿；同一事由已经获得其他损害赔偿或补偿的，不得再申请补偿。

(三) 疾病预防损害补偿

1. 疫苗接种的损害补偿

我国已经初步建立起疫苗接种的损害补偿责任体系，允许受种者对预防接种致害申请国家补偿。免疫规划疫苗和非免疫规划疫苗是我国接种疫苗的两大种类。[①] 针对免疫规划疫苗接种损害补偿责任又分为两类：一是民事责任，二是国家责任。民事责任包括疫苗上市许可持有人因疫苗质量问题造成损害的赔偿责任，以及疾病预防控制机构、接种单位违反接种规定造成损害的赔偿责任。[②] 国家责任是国家针对合格疫苗预防接种造成异常反应损害的补偿。[③]

按照现有补偿规定，我们可以确定国家预防接种异常反应的补偿范

[①]　免疫规划疫苗是指居民应当按照政府的规定接种的疫苗，政府免费向居民提供免疫规划疫苗。非免疫规划疫苗是指由居民自愿接种的其他疫苗，费用由受种者自行负担。对于免疫规划疫苗接种异常反应的补偿由省、自治区、直辖市人民政府负责；对于非免疫规划疫苗接种异常反应的补偿由相关疫苗上市许可持有人负责。

[②]　参见《中华人民共和国疫苗管理法》第九十六条：因疫苗质量问题造成受种者损害的，疫苗上市许可持有人应当依法承担赔偿责任。疾病预防控制机构、接种单位因违反预防接种工作规范、免疫程序、疫苗使用指导原则、接种方案，造成受种者损害的，应当依法承担赔偿责任。

[③]　参见《中华人民共和国疫苗管理法》第五十六条：国家实行预防接种异常反应补偿制度。实施接种过程中或者实施接种后出现受种者死亡、严重残疾、器官组织损伤等损害，属于预防接种异常反应或者不能排除的，应当给予补偿。补偿范围实行目录管理，并根据实际情况进行动态调整。接种免疫规划疫苗所需的补偿费用，由省、自治区、直辖市人民政府财政部门在预防接种经费中安排；接种非免疫规划疫苗所需的补偿费用，由相关疫苗上市许可持有人承担。国家鼓励通过商业保险等多种形式对预防接种异常反应受种者予以补偿。预防接种异常反应补偿应当及时、便民、合理。预防接种异常反应补偿范围、标准、程序由国务院规定，省、自治区、直辖市制定具体实施办法。

围：一是从疫苗类型来看，国家补偿只针对免疫规划疫苗的异常反应损害进行补偿，对于非免疫规划疫苗的异常反应损害补偿则由民事主体承担民事赔偿责任，这使得受种者能否获得损害救济主要取决于民事主体的赔偿能力。二是补偿条件只局限于各方均无过错时的药品不良反应。看似两种责任涵盖了疫苗接种损害的所有情形，但实际问题远比这两种更为复杂，因为存在一个救济的空白，即民事责任与国家责任交织的情形。预防接种致害能够获得救济的前提是，预防接种行为与受种者异常反应损害之间存在因果关系。但此处的因果关系不能视为严格因果关系，因为预防接种行为引发不良反应所导致的损害，难以通过医药生物技术进行判断。①

疫苗接种的目的在于预防疾病，既有对受种者生命健康的保护，也具有对社会公共卫生安全保障的作用，既包含个人利益的保护，也包含国家社会利益的保护。预防接种受害救济的目的则为使因预防接种而致死伤的民众，能经专业审议，快速获得合理救济，降低医护人员面对接种民众之压力，并由政府承担无过失补偿责任。② 无论受害者接种的是免疫疫苗还是非免疫疫苗，无论是自愿接种还是强制接种，无论受种者是否遭受疫苗接种者的违规接种或者其他主体方的违法性，只要疫苗受种者遭受了疫苗特定异常反应损害，都应该获得国家补偿。这是一种由社会补偿进行兜底的损害救济制度，是对为了维护社会公共利益作出牺牲的保护和救济。因此，我们可以在现有疫苗异常反应补偿的基础上，扩大国家补偿责任的范围，构建更加完备的疫苗接种补偿制度。

首先，就预防接种补偿的对象而言。实施接种过程中或者实施接种后使生命、健康遭受严重损害，无法获得侵权损害赔偿、其他社会保障制度救济，或虽已获得救济，但赔偿力度不足，无法维持生命健康、基

---

① 参见杜仪方：《日本预防接种事件中的因果关系——以判决为中心的考察》，载《华东政法大学学报》2014 年第 1 期。

② 林咏青：《预防接种受害救济制度实务常见问题解析》，载《疫情报导》2020 年第 21 期。

本生活的受害人及其遗属都有权申请获得补偿。疫苗各方主体是否存在过错，是自愿接种还是强制接种都不能构成获得社会补偿的排除事由。只要受种者因接种疫苗致害无法获得其他路径的损害赔偿，都可以申请获得疫苗接种损害补偿。此外，所接种的疫苗是否属于免疫规划疫苗也不影响预防接种损害补偿对象的资格。我国疫苗生产统一执行严格的准入制度，国家担负着疫苗的批准许可的监管责任。无论是免疫规划疫苗还是非免疫规划疫苗接种导致的损害，国家都具有补偿责任。

其次，就预防接种补偿的机构而言。当前我国的疫苗接种补偿主要由国家卫生健康委员会负责。国家卫生健康委员会负责实行补偿范围目录管理，并根据实际情况进行动态调整。国家各级卫生健康管理部门可以联合财政部门、药品监督管理部门具体实施各项补偿工作。在预防接种异常反应调查诊断或鉴定过程中，除参考该目录外，尚需结合临床以及实验室等相关辅助性资料，综合判定是否属于或者不能排除预防接种异常反应。

最后，就预防接种的构成要件而言。一是主体要件，疫苗接种受害人以及遗属符合申请社会补偿的主体要件。二是行为要件，损害来源于合法合规接种的疫苗行为。三是损害结果要件，须是对生命、身体、健康等人身利益的损害，且损害必须达到严重的程度，如重伤或死亡。四是因果关系要件，受害人遭受的损害与疫苗接种行为本身存在相当因果关系。五是除外情形方面，属常见的、轻微的、可预期的不良反应；受害情形与预防接种无关的损害情形，如有证据证明损害是由疫苗上市许可持有人、疫苗生产经营企业、医疗机构及医疗机构从业人员的侵权行为引起的；受害人过错导致损害后果；受害者因心性反应所致的损害；同一事由已经获得其他损害赔偿或补偿的情形。

2. 疾病预防工作的损害补偿

医护及相关工作人员因履行工作职责感染疫情的，可以享受工伤保险待遇。这体现出国家对医护和相关工作人员的关爱，是通过扩张工伤保险的临时性手段以达到补偿的效果。毕竟在任何传染病预防、检测、治疗、监测防控过程中，医疗机构工作人员以及其他从事传染病防疫的工作人员面临极大被传染的风险。我国《职业病分类和目录》将医疗卫生人员和人民警察感染艾滋病的情况纳入"职业性传染病"①，可以通过工伤保险获得救济，但是该主体范围以及传染病范围有一定的狭窄性。对于除医护人员和警察以外的其他工作人员在从事感染艾滋病工作中被传染的情况是否可以获得损害救济？对于其他具有传染病疾病的情况，是否也可以获得损害救济？这些问题都亟须在疾病预防工作损害补偿制度中完善。

　　疾病预防工作的损害补偿可以在传染病防治法以及其他相关的法律中以附属性条文的方式加以明确，而无须单独制定法律。对于从事疾病预防工作的医护人员以及其他相关工作人员，在执行工作过程中感染疾病，造成生命、身体、健康损害的，如染病、残疾、死亡、重伤等，无法获得工伤赔偿或侵权损害赔偿的，可对受害者本人及其遗属给予补偿。此处受害者遭受的损害的行为必须与从事疾病预防工作相关，受害人对被传染疾病并无过错。此处的补偿可以包括医疗费用补偿、伤残补偿、死亡补偿等多种方式，以金钱补偿为主，以服务补偿、实物补偿为辅。

（四）高空抛物坠物致害补偿

　　由于在建筑物中抛掷物品具有事实发生的突然性，举证证明的难收集性，责任认定的复杂性等特点，已经成为"悬在城市上空的痛"。尽管《中华人民共和国民法典》第一千二百五十四条之规定相较于原

---

　　① 《国家卫生计生委办公厅关于印发职业暴露感染艾滋病病毒处理程序规定的通知》第二条规定：本规定适用于医疗卫生人员及人民警察等因职业活动发生以下导致感染或可能感染艾滋病病毒的情况：（一）被含有艾滋病病毒血液、体液污染的医疗器械及其他器具刺伤皮肤的；（二）被艾滋病病毒感染者或病人的血液、体液污染了皮肤或者黏膜的；（三）被携带艾滋病病毒的生物样本、废弃物污染了皮肤或者黏膜的；（四）其他因职业活动发生或可能感染艾滋病的。

《中华人民共和国侵权责任法》第八十七条规定侧重于保护受害人一方，更好地实现各方利益的调整与平衡，将受害人的生命、健康权利的保护置于首位。[①] 此外，人身保险不可被当作理所当然的损害填补途径，因为它只能是受害人自愿购买以抵御风险的手段，让普通民众购买预防高空抛物、坠物的保险是非常不切合现实的。[②] 为了更好实现高空抛物、坠物受害者的权利救济，我们可以在侵权损害赔偿制度之外，构建高空抛物、坠物的社会补偿制度。首先，建立高空抛物、坠物补偿制度，就是通过社会共同体分担的方式，以补偿基金对受害者遭受高空抛物、坠物导致的生命、身体、健康等人身利益损害进行救济，能够满足受害人最紧急的医疗救济需求。其次，在高空抛物、坠物补偿制度中设计国家追偿权的规则，能够在确定侵权行为人之后，由最终侵权行为人承担损害赔偿的责任，发挥制度的预防与惩戒功能。最后，高空抛物、坠物补偿必然要实现与侵权责任法、刑法的衔接，共同致力于维护社会公共秩序安全与受害人损害救济保护。

就抛物、坠物补偿对象而言，凡是遭受高空抛物、坠物行为损害，导致生命、身体、健康等人身利益损害，无法获得侵权损害赔偿、其他社会保障制度救济，或虽已获得救济，但赔偿力度不足，无法维持生命健康、基本生活的受害人及其遗属都有权申请获得补偿。此处遭受高空抛物、坠物的行为无须区分是否存在明确的侵权行为人，即存在明确侵权行为人不能成为高空抛物、坠物补偿对象的排除事由。

就抛物、坠物补偿的构成要件而言。一是主体要件，受害人以及遗属符合申请社会补偿的主体要件。二是行为要件，受害人遭受高空抛物、坠物行为的损害，如系建筑物自身导致的损害则不属于高空抛物、坠物行为。三是损害结果要件，损害必须是对生命、身体、健康等人身

[①] 张新宝等：《从〈侵权责任法〉第 87 条到〈民法典〉第 1254 条："高空抛（坠）物"致人损害责任规则的进步》，载《比较法研究》2020 年第 6 期。

[②] 潘羿嘉：《社会补偿视角下高空抛物、坠物致害的救济》，载《法学》2020 年第 10 期。

利益损害且损害必须达到严重的程度，如重伤、残疾或死亡等。四是因果关系要件，受害人遭受的损害与高空抛物、坠物的损害行为存在相当因果关系。五是除外情形，属常见、轻微的损害后果的；受害人过错导致损害发生的，如建筑物周围明显提示该建筑物禁止靠近，受害人仍走近遭受损害的除外等。

四、基于突发公共事件损害的补偿制度

我国"突发事件"属于特定的专有名词，根据突发公共事件的发生过程、性质和机理，突发公共事件可分为自然灾害、事故灾难、公共卫生事件以及社会安全事件。[①] 国家、政府是社会安全事件的补偿主体和救助主体，理所应当承担起采取相应的措施补偿、救助被害人损害的国家责任，而社会捐赠、保险公司赔偿作为辅助的救济手段。

突发公共事件的发生及其损害，直接关涉公民生命健康安全以及基本生活安全，公权力介入突发事件的预防和分担，是风险社会国家治理现代化的应有手段与题中之义。其中，依照我国灾害救助的制度实践，自然灾害造成的损害一般通过社会救助的路径解决。依照大规模侵权制度的发展与责任保险的发展，事故灾难造成的损害一般由侵权损害赔偿制度、国家赔偿与行政补偿制度解决。而突发公共卫生事件造成的损害

---

① 《突发事件应对法》第二条规定：本法所称突发事件，是指突然发生，造成或者可能造成严重社会危害，需要采取应急处置措施予以应对的自然灾害、事故灾难、公共卫生事件和社会安全事件。以及《国家突发公共事件总体应急预案》第1.3条"分类分级"规定：本预案所称突发公共事件是指突然发生，造成或者可能造成重大人员伤亡、财产损失、生态环境破坏和严重社会危害，危及公共安全的紧急事件。根据突发公共事件的发生过程、性质和机理，突发公共事件主要分为以下四类：（1）自然灾害。主要包括水旱灾害、气象灾害、地震灾害、地质灾害、海洋灾害、生物灾害和森林草原火灾等。（2）事故灾难。主要包括工矿商贸等企业的各类安全事故、交通运输事故、公共设施和设备事故、环境污染和生态破坏事件等。（3）公共卫生事件。主要包括传染病疫情、群体性不明原因疾病、食品安全和职业危害、动物疫情，以及其他严重影响公众健康和生命安全的事件。（4）社会安全事件。主要包括恐怖袭击事件、经济安全事件和涉外突发事件等。各类突发公共事件按照其性质、严重程度、可控性和影响范围等因素，一般分为四级：Ⅰ级（特别重大）、Ⅱ级（重大）、Ⅲ级（较大）和Ⅳ级（一般）。

救济制度，仍属于法律规制的空白点，可以通过社会补偿的路径得到救济。由于政策选择、路径依赖、立法传统等要素的影响，导致突发事件损害的救济路径形成不同的法律路径，但不可否认，任何一种损害救济路径都是分散突发事件风险，解决突发事件损害，实现损害救济的重要手段。因而，我国当下突发事件损害补偿主要包括突发公共卫生事件受害补偿制度和社会安全事件受害补偿制度。就补偿的构成要件而言，一是主体要件，所有遭受生命、身体、健康等人身损害的受害人或其遗属均可申请。二是行为要件，发生了突发公共卫生事件类事件、社会安全类事件。三是损害结果要件，损害后果必须是生命、身体、健康等人身利益损害，如果是财产损害，则不属于补偿的范围；且损害必须达到严重的程度，如重伤、残疾或死亡，对于轻伤、轻微伤的损害不在此补偿范围。四是因果关系要件，社会安全事件、突发公共卫生事件的发生与受害人遭受的损害存在相当因果关系。五是除外情形方面，有证据证明损害是由其他责任主体引发的侵权行为，并且已经获得相应赔偿，不得申请补偿；受害人过错导致的损害后果不得申请补偿；同一事由已经获得其他损害赔偿或补偿的，不得再申请补偿。

（一）突发公共卫生事件受害人补偿

在突发公共卫生事件中引入社会补偿制度，本质上是国家为了预防突发公共卫生事件导致的损害，在受害人及其遗属无法通过社会保险、社会救助、侵权损害赔偿等制度获得救济时，以社会整体力量分担受害人的损失，对受害人生命、健康等损失给予及时补偿的救济制度。[①]

就补偿的对象而言，凡是生命、身体、健康等人身利益遭受突发公共卫生事件损害，无法获得侵权损害赔偿、国家赔偿、国家补偿、其他社会保障制度救济，或虽已获得救济，但赔偿力度不足，无法维持生命

---

① 林嘉等：《突发公共卫生事件社会补偿制度的构建》，载《中国人民大学学报》2020年第5期。

健康、基本生活的受害人及其遗属都有权申请获得补偿。此类事件中国家对于社会安全事件的发生和管理控制不存在过错，不能构成国家赔偿的范畴；同时，此处的社会安全事件不包含犯罪事件，如果属于犯罪事件，则可以按照犯罪被害人补偿制度的路径获得救济。如果此类事件中存在侵权责任主体，则可以优先按照其他侵权损害赔偿制度获得救济，对于侵权损害主体无力承担的，国家应对受害人及其家属给予生活补偿。

就补偿机构而言，国家卫生健康委员会负责组织落实疾病预防控制规划、国家免疫规划以及严重危害人民健康公共卫生问题的干预措施，制定检疫传染病和监测传染病目录；负责卫生应急工作，组织指导突发公共卫生事件的预防控制和各类突发公共事件的医疗卫生救援。结合该职能分工，国家卫生健康委员会可以作为突发公共卫生事件受害人获得社会补偿的主管行政部门。对于社会补偿政策、标准制定、体系建设等工作，以及受害人社会补偿申请、审核、给付等具体工作，可以在国家卫生健康委员会内部单设社会补偿机构，对于符合受害人申领条件的，由该社会补偿机构作出社会补偿给付的决定。

（二）其他社会安全事件受害人补偿

就补偿的对象而言，凡是遭受其他社会安全事件影响，导致生命、身体、健康等人身利益损害，无法获得侵权损害赔偿、国家赔偿、国家补偿或者其他社会保障制度救济，或虽已获得救济，但赔偿力度不足，无法维持生命健康、基本生活的受害人及其遗属都有权申请获得补偿。

就补偿机构而言，应急管理部组织牵头编制国家应急总体预案和规划，推动建设应急预案体系，并对预案进行演练。此外，该部门应负责建立灾情报告系统并统一发布灾情，统筹建设应急力量、储备和调动应急物资组织建设灾害救助体系，指导安全生产类、自然灾害类应急救援。结合职能规划，应急管理部可以作为突发公共卫生事件受害人获得社会补偿的主管行政部门。对于社会补偿政策、标准制定、体系建设等工作，以及受害人社会补偿申请、审核、给付等具体工作，可以在应急管理部内部单设社会补偿机构，对于符合受害人申领条件的，由该社会补偿机构做出社会补偿给付的决定。

五、基于公共利益保护所发生损害的补偿制度

无论是志愿服务还是见义勇为，都彰显了无私奉献、互帮互助的社会文明之美。面对个人利益与他人利益，面对个人利益与社会利益，无论是广大志愿者还是见义勇为者，都为社会和国家作出巨大贡献，其所包含的法理内容就是对社会公共利益的保护。对于为了保护公共利益而遭受生命、身体、健康损害的，该损害后果不能由志愿者、见义勇为者个人独自承担。尤其是在加害行为人无法承担侵权损害赔偿责任的时候，志愿者、见义勇为者将面临极大的生命健康风险，甚至无法维持个人与家庭的基本生活。这种损害后果对于志愿者、见义勇为者而言是不公平与不平等的负担。因而，为了降低志愿者、见义勇为者人身损害风险，为了鼓励志愿者、见义勇为者的积极性，国家需要为志愿者、见义勇为者搭建常态化的损害救济机制，提供充分的经济物质保障。通过社会补偿机制，国家对基于公共利益保护所发生的个人生命、身体、健康损害进行补偿，是国家对人身损害提供的一种担保，可以有效激励保护公共利益的各项行为。

（一）志愿服务受害补偿

志愿服务具有自愿性、无偿性、公益性的特点。在志愿服务过程中，存在志愿者、志愿服务对象、志愿服务组织等多方法律主体，由此形成多种法律关系。我国现有的法律制度并未对志愿服务法律主体涉及的法律关系作出明确界定。当下，就志愿者与志愿服务组织之间的法律

关系而言，学界一般认为，二者可能是无偿的委托合同关系①、代理关系②、单务合同工关系③、劳动关系或雇佣关系④。这一关系的界定，直接会影响到志愿者在从事志愿服务过程中遭受人身损害的赔偿责任问题。笔者认为，由于志愿者从事志愿服务工作具有无偿性、公益性等特点，志愿者与志愿服务组织之间不符合经济从属性、人身从属性的认定要件，不构成劳动法律体系中的劳动法律关系。这意味着志愿者在志愿服务中遭受人身损害，不属于工伤保险的救济范畴。同时，无论志愿服务组织与志愿者之间是何种类型的民事法律关系，在从事志愿服务过程中，志愿者所遭受的人身损害应该按照侵权责任法的规则获得救济。

一般而言，志愿者在志愿服务过程中遭受的人身损害主要来自以下方面：一是志愿服务对象或第三人的侵权行为；二是志愿服务组织的侵权行为；三是不可抗力等不能归责于第三方的原因所导致的损害。按照我国 2023 年 12 月最新修订的《中华人民共和国慈善法》第一百一十九条第 2 款规定，⑤ 对于志愿组织的侵权行为导致志愿者遭受的损害，由志愿组织承担损害赔偿责任；对于不可抗力引发的志愿者损害，由志愿组织承担补偿责任。而按照侵权责任法的规定，对于志愿服务对象或第三人在志愿服务活动中造成的志愿者人身损害，自然由该侵权行为人承担赔偿责任。此外，最高人民法院对帮工过程中，帮工人遭受损害时的

---

① 袁文全等：《志愿服务行为的法律关系与法律责任解构》，载《西南大学学报（社会科学版）》2011 年第 4 期。

② 郭树理等：《奥运会志愿服务法律责任问题初探》，载《法学评论》2008 年第 4 期。

③ 王红艳等：《志愿服务主体法律关系探讨》，载《广西政法管理干部学院学报》2010 年第 6 期。

④ 孔东菊：《志愿者服务行为致人损害的责任承担——基于 16 个省、自治区、直辖市地方立法的实证分析》，载《理论月刊》2012 年第 2 期。

⑤ 《中华人民共和国慈善法》第一百一十九条第 2 款规定：志愿者在参与慈善服务过程中，因慈善组织过错受到损害的，慈善组织依法承担赔偿责任；损害是由不可抗力造成的，慈善组织应当给予适当补偿。

赔偿责任作出规定。① 由于帮工人与志愿者之间具有诸多的相似性，实践中，志愿者遭受损害的责任认定也在借鉴该司法解释的规则。为了填补我国侵权责任法在解决志愿者损害救济不及时、赔偿不充分等方面问题，立法部门尝试通过责任保险的方式为志愿者提供更加充分的损害赔偿救济。如《中华人民共和国慈善法》第六十九条第 2 款所规定的人身意外伤害保险。② 但是，责任保险的补充性功能也会存在局限性，一是不可抗力原因导致志愿者遭受损害的往往属于免责事由，例如对于志愿者在参与突发事件的志愿活动中所遭受的突发事件损害，则可能会被排除在责任保险之外。二是志愿者参与志愿活动，并非都有隶属的志愿组织，即便有志愿组织，也并非都会逐一为志愿者购买责任保险，造成责任保险的覆盖范围、保险金额等都遭受影响。因此，购买责任保险的方式并不能完全覆盖志愿服务中志愿者获得损害救济的最佳补充方式。我们可以通过设立志愿服务受害人补偿基金的方式，为志愿者提供人身损害补偿，免去志愿者的后顾之忧。

志愿服务受害者补偿是指志愿者在参与志愿服务过程中，遭受生命、身体和健康损害，在无法通过获得侵权损害赔偿、国家赔偿、国家补偿或者其他社会保障制度得到救济时，由国家通过志愿服务受害人补偿基金，给予补偿救济的制度。对于志愿服务受害者的补偿立法，可在慈善法律或志愿者服务法律中以附属立法的方式加以规定和完善。

就志愿服务受害补偿的对象而言。凡是在志愿服务过程中，遭受生命、身体、健康等人身利益损害，无法获得侵权损害赔偿、国家赔偿、国家补偿或者其他社会保障制度救济，或虽已获得救济，但赔偿力度不

---

① 《最高人民法院关于审理人身损害赔偿案件适用法律若干问题的解释》（法释［2003］20号）第十四条规定：帮工人因帮工活动遭受人身损害的，被帮工人应当承担赔偿责任。被帮工人明确拒绝帮工的，不承担赔偿责任；但可以在受益范围内予以适当补偿。帮工人因第三人侵权遭受人身损害的，由第三人承担赔偿责任。第三人不能确定或者没有赔偿能力的，可以由被帮工人予以适当补偿。

② 《中华人民共和国慈善法》第六十九条第 2 款规定：慈善组织安排志愿者参与可能发生人身危险的慈善服务前，应当为志愿者购买相应的人身意外伤害保险。

足，无法维持生命健康，无法维持基本生活的志愿者或其遗属都有权申请获得补偿。

就志愿服务受害补偿的机构而言，《中华人民共和国慈善法》规定，由国务院民政部门主管全国的慈善工作。① 志愿服务者在志愿服务中的损害补偿属于慈善活动的一部分，可继续由民政部门负责志愿服务者受害补偿工作。民政部下设慈善事业促进和社会工作司，目前主要负责拟定社会工作和志愿服务政策，以及促进慈善事业发展政策等。对于具体的补偿政策、标准制定、体系建设等工作，以及受害人社会补偿申请、审核、给付等具体工作，可在民政部内单设社会补偿机构具体负责。

就志愿服务受害补偿的构成要件而言，志愿服务受害补偿主要包含以下要件：一是主体要件，志愿服务者或其遗属均属于适格主体。二是行为要件，受害人因实施志愿服务工作而遭受损害，遭受的损害可以是侵害行为，也可以是不可抗力等事件。三是损害结果要件，侵害造成的损害后果必须是对人的生命、身体、健康等人身利益损害，且损害必须达到严重的程度，如重伤、残疾或死亡，对于轻伤、轻微伤的损害不在此补偿范围。四是因果关系要件，侵害行为或损害事件与受害人遭受的损害存在相当因果关系。五是除外情形，受害人过错导致的损害后果不得申请补偿。

（二）见义勇为受害补偿

《中华人民共和国民法典》第一百八十三条是对见义勇为受害人特

---

① 《中华人民共和国慈善法》第六条规定：国务院民政部门主管全国慈善工作，县级以上地方各级人民政府民政部门主管本行政区域内的慈善工作；县级以上人民政府有关部门依照本法和其他有关法律法规，在各自的职责范围内做好相关工作。《志愿服务条例》第五条规定：国务院民政部门负责全国志愿服务行政管理工作；县级以上地方人民政府民政部门负责本行政区域内志愿服务行政管理工作。

别请求权的规定，① 该法律条文的价值在于保护善意救助者在遭受损害的时候可以获得适当公平的补偿救济。《中华人民共和国民法典》第一百八十四条是对善意救助人责任豁免的规定，② 该法律条文可保护善意救助人实施救助行为时不受民事责任的追究。前述两个条文从主动补偿与被动防御的角度强化了对见义勇为行为的鼓励和保护，消除了好人做好事的后顾之忧。但是《中华人民共和国民法典》第一百八十三条确定了见义勇为者的损失赔偿规则，首先是由侵权人承担民事责任。其次是在侵权人承担民事责任的同时，由受益人承担适当补偿责任。最后是由受益人承担适当补偿责任，但该前提是没有侵权人、侵权人逃逸或者无力承担赔偿责任。其中第二种受益人的补偿责任属于一种道德情谊的、具有感谢性质的补偿；第三种受益人的补偿责任是基于公平责任分担的一种法律补偿责任。上述三条赔偿规则，意味着见义勇为者面对的风险损害在受益人、侵权行为人以及见义勇为者之间移转。但受制于侵权行为人、受益人个体补偿能力，见义勇为者一旦遭受较为严重的人身损害，很难获得更加充分的补偿，甚至可能都难以负担健康治疗费用。此外，有些见义勇为行为中是不存在侵权行为人的。由于受益人自身经济条件有限，更是难以负担更多的补偿。

见义勇为具有紧急性、利他性与自愿性，在民法视野下，见义勇为被认为是无因管理行为，③ 是在无义务情况下管理他人事务的行为。但是，见义勇为行为不仅是对其他社会成员的救助和保护，也是对国家、集体、社会利益的保护，具有维护社会公共秩序和实现社会安全的目的。从公法视角，见义勇为行为是公民主动协助国家行政管理的行为，

---

① 《中华人民共和国民法典》第一百八十三规定：因保护他人民事权益使自己受到损害的，由侵权人承担民事责任，受益人可以给予适当补偿。没有侵权人、侵权人逃逸或者无力承担民事责任，受害人请求补偿的，受益人应当给予适当补偿。

② 《中华人民共和国民法典》第一百八十四条规定：因自愿实施紧急救助行为造成受助人损害的，救助人不承担民事责任。

③ 徐武生等：《见义勇为与无因管理制度》，载《中国人民大学学报》1999 年第 4 期。

具有行政协助行为的属性。① 基于社会连带理论，见义勇为是社会成员相互帮助的行为，见义勇为者在实施救助行为中，是对社会公共利益的维护，基于此遭受的损害，是公民个人对公共利益的额外负担，国家需要对因维护社会公共利益而遭受的损失提供一定的补偿，这构成了国家给予见义勇为者补偿的法理基础。例如我国《工伤保险条例》第十五条规定：职工在抢险救灾等维护国家利益、公共利益活动中受到伤害的，可以视同工伤。这种工伤补偿制度设计具有社会补偿制度的属性。见义勇为行为本身兼具私法与公法的双重属性，我们可以基于不同的损害程度和补偿路径，对因实施见义勇为行为而遭受人身损害的人提供更加多元的损害救济机制。

2012 年《关于加强见义勇为人员权益保护的意见》由民政部等部门联合发布，该意见明确了见义勇为死亡人员的抚恤补助政策。② 2017年 3 月，《见义勇为人员奖励和保障条例（草案公开征求意见稿）》由公安部发布，该条例进一步加大对见义勇为人员的奖励和权利保障。关于权利保障的内容是对见义勇为受害人多元救济的尝试，我们可以在此基础上进一步完善，形成见义勇为受害人的社会补偿制度。见义勇为受害人补偿制度就是对于为了公共利益而遭受的人身损害，通过社会共同体的分担，通过见义勇为受害人补偿基金，向见义勇为者提供底线的损害补偿，从根本上为善行之举可能遭受的风险损害提供法律托底，避免见义勇为者"流血又流泪"，避免情急之下的"好心没好报"。

就见义勇为受害补偿的对象而言，凡是实施见义勇为行为，遭受生命、身体、健康等人身利益损害的自然人或其遗属无法获得侵权损害赔偿、国家赔偿、国家补偿或者其他社会保障制度救济，或虽已获得救济

---

① 参见傅昌强等：《见义勇为行为的行政法思考》，载《行政法学研究》2002 年第 2 期。

② 对见义勇为死亡人员，凡符合烈士评定条件的，依法评定为烈士，其遗属按照《烈士褒扬条例》享受相关待遇。不符合烈士评定条件，属于因公牺牲情形的，按照《军人抚恤优待条例》有关规定予以抚恤；属于视同工伤情形的，可以按照工伤保险的规定获得救济。不属于上述情形的，按照特定标准发放一次性补助金。

但赔偿力度不足，无法维持生命健康，无法维持基本生活的公民以及遗属都有权申请获得补偿。此处，见义勇为的救助人对被救助人不存在法律上危难救助的法定或者约定的义务。

就见义勇为受害补偿的机构而言，结合民政部门的职能分工，可以继续由民政部门负责见义勇为受害人的补偿工作，负责见义勇为者的优待抚恤工作。民政部门可以联合财政、人力资源社会保障、教育等相关部门建立健全工作机制，确保见义勇为伤亡人员抚恤补助权利的实现。也可以联合见义勇为基金会，发放一次性见义勇为伤亡人员补助。各地区见义勇为伤亡人员的补偿工作可以由各级民政部门负责。

就见义勇为受害补偿的构成要件而言，一是主体要件，见义勇为受害者及其遗属符合法律规定。二是行为要件，受害人为保护他人民事权益而实施见义勇为行为。三是损害结果要件，因实施见义勇为行为而遭受损害，损害后果必须是生命、身体、健康等人身利益的损害，且损害必须达到严重的程度，如重伤、残疾或死亡，对于轻伤、轻微伤的损害不在此补偿范围。四是因果关系要件，侵害行为或损害事件与受害人遭受的损害存在相当因果关系。五是除外情形，受害人过错导致的损害后果不得申请补偿。

结 语 CONCLUSION

　　社会法是以保障基本生存、实现社会正义、维护社会安全为目的的法律，社会法自身的法律精神和部门法品格决定了社会法的社会调节机能，以及在实现提高保障和改善民生水平中的重要地位和功能价值，这与新时代我国提高保障和改善民生水平的战略目标高度契合。"民生保障""社会公平""社会治理""国家安全"等迅速成为构建与社会建设战略相匹配、与人民对于美好生活的向往需求相符合的社会法这一我国立法规划中的战略重点与优先领域。

　　就各类风险事件导致的受害人生命、身体、健康等人身利益损害而言，侵权损害赔偿制度和国家责任制度都是重要的赔偿责任分担机制，也是重要的损害赔偿救济机制，在预防受害人的损害发生、解决受害人的侵权损害赔偿问题中具有无可替代的作用。由于风险社会中的风险是一种社会过程，风险的属性包含了特定的社会、政治、经济要素。某些风险损害事件具有发生的不可预测性、损害行为的不可归责性以及损害后果的严重性等特点，现有侵权损害赔偿制度和传统的国家责任制度在风险损害的救济中存在诸多局限性。首先，侵权损害赔偿制度建立在"加害人—受害人"二元责任模式基础上，强调以过错责任作为基本归责原则，强调侵权行为与损害结果之间的因果关系，这意味着整个制度设计侧重加害人的责任，而不是着眼于受害人的赔偿或补偿，一旦加害人无能力负担赔偿责任，人身损害的结果只能由受害人和加害人两方主体分担，受害人的损害赔偿诉求将难以落实。这本质上是个人责任负担风险的机制，以实现矫正正义和个人损害的救济为目的。其次，当下无论是国家赔偿制度还是行政补偿制度，本质上都是国家侵权赔偿责任建构起来的，传统意义上的国家赔偿或补偿责任与民事侵权责任的认定具有内在一致性，当某些损害的发生，在无法根据故意、过失和违法性确定责任时，即使存在权利救济的必要性，也无法依据国家赔偿或行政补偿制度得到救济，这就出现传统国家损害赔偿、补偿制度的"空白区域"。面对风险损害，如果受害人无法通过侵权损害赔偿制度、国家赔偿、行政补偿制度获得救济，亦不符合社会保障制度的救济范围，受害人只能独自承受风险损害后果，无法获得有效的损害赔偿或补偿救济，甚至会诱发不必要的社会矛盾与冲突。由此可以看出，面对某些无过错损害行为或者突发事件，建立在个人责任基础上的损害赔偿制度无法实现共同体安全。建立在矫正正义基础上的损害赔偿制度无法实现风险的分配正义。尽管我国不属于风险社会，但是处于社会风险之中，传统国家责任在应对社会风险给人民造成损害的救济问题需要在更加多元的损害救济机制中得到解决。社会补偿制度的构建正是在填补传统侵权赔偿制度、国家赔偿与行政补偿制度的空白，为社会成员遭受的特定风险损害提供更加完整的损害救济，避免受害人因为损害的发生无法维持生命健康，维护基本生活的安定。

关于社会补偿制度中国家责任的正当性问题，不能依赖传统的国家过错来判断，也不能依据国家行为的合法性和违法性判定，因为国家对于损害的发生多数是一种间接、基于结果的无过错责任。从理论基础层面，可以依据国家责任说、公平负担说、社会连带说、特别牺牲说等理论进行阐释。从宪法基础层面，可以依据宪法对公民生命健康权、社会保障权的保护展开。具体而言，社会补偿制度中的国家责任是一项国家安全保护义务。伴随着社会国家原则的兴起与国家干预范围的扩张，国家的任务转向对公民社会生活的干预和照顾，转向实现社会正义与安定。面对不确定性的社会风险给人民造成生命、身体、健康等人身利益损害的后果，国家需要为受损害者或者受影响者提供合乎人格尊严的物质给付和照顾服务，将风险损害通过社会共同体进行分担，在遭受风险影响的群体和未遭受风险影响的群体之间形成新的社会公平和正义。

社会补偿制度化中的国家责任与传统国家责任不同，对应着宪法层面上的国家义务，是为了实现社会利益而实施的一切行为所伴随的保护义务。国家的安全保护义务包含三个方面内容：获得社会补偿的国家尊重义务、获得社会补偿的国家保护义务、获得社会补偿的国家实现义务。社会补偿中国家责任的确立标准是基于社会连带与国家安全保护义务确定的，负担范围则是基于个人责任与协力辅助原则来确定的。整体而言，社会补偿不是对个人损害的绝对完全填补，社会补偿制度与侵权损害赔偿制度、社会保险制度、社会救助制度等制度的协调设计才将有助于受害人获得损害的完全填补。

社会补偿始终以发生损害的特定原因为前提，这种原因性将国家责任与特定原因的损害之间建立联系，这种联系将国家的补偿给付与受害人损害后果联结在一起。不同的损害原因构成不同的损害类型，不同的损害类型对应着不同的补偿要件和补偿内容，这些类型的损害原因构成社会补偿制度类型化的依据。传统意义上国家对特定群体的人身损害补偿，一般局限于人民因为特定义务而作出公益牺牲的情形，如军人优待抚恤制度。但是随着社会性风险事件的增多、国家安全保护义务的扩张、社会保障制度的完善，对于特别牺牲的补偿已经不局限于特定义务群体的牺牲，对于人民遭受突发性的、可能危及整个社会利益的事件损害牺牲、对于人民"自愿""主动"为整体利益所作的牺牲，以及基于"特定义务"，"自愿"为"特定人"作出的牺牲，都有必要纳入社会补偿的范围。当然，社会补偿制度作为社会保障制度的一个组成部分，整个制度的设计应当合理配置国家、社会、个人三方主体的法律关系，既要兼顾经济发展效率，又要兼顾社会的公平正义。因而，每一类具体的补偿制度是一个动态调整的过程，需要结合国家整个赔偿损害制度的体系、社会损失补偿的实际需求不断作出完善。

现代社会损害赔偿制度是在个人自由主义和社会安全正义价值之间的选择与调配，这不仅是个法律问题，也是政策考量问题。通过个人责任治理社会风险，毕竟是一种相对间接的实现社会安全的手段，而通过国家责任治理社会风险，维护遭受风险影响的人的合法权益，是一种更为直接的方式。当下风险社会中各类损害事件的发生调整了传统国家责任的归责基础，扩大了国家责任的保障范围，国家通过履行对公民的安全保护义务，承担起风险损害预防和分担的责任，通过社会补偿给付手段对社会财富进行调配，补偿遭受不幸损害的公民，以构建起更为安全、更为公平的社会秩序。本书对社会补偿制度的理论研究与制度构建论证仍然处于初级阶段，未来各项具体社会补偿制度的规则细化、社会补偿制度的体系化立法仍然需要更加细致、更加深入的阐释和论证，这也是未来该课题研究的目标和责任。

参考文献

一、中文文献

（一）著作

和春雷等：《当代德国社会保障制度》，法律出版社 2001 年版。

台湾社会法与社会政策学会主编：《社会法》，元照出版有限公司 2015 年版。

钟秉正：《社会法之理论与应用》，元照出版有限公司 2018 年版。

叶百修：《损失补偿法》，新学林出版社 2010 年版。

郑尚元主编：《社会保障法》，高等教育出版社 2019 年版。

中国社会科学院语言研究所词典编辑室编：《现代汉语词典》（第 7 版），商务印书馆 2016 年版。

薛波主编：《元照英美法词典（缩印版）》，北京大学出版社 2016 年版。

沈岿：《风险规制与行政法新发展》，法律出版社 2013 年版。

郑也夫主编：《信任：合作关系的建立与破坏》，中国城市出版社 2003 年版。

陈泽宪主编：《刑事法前沿》（第 10 卷），社会科学文献出版社 2017 年版。

陈新民：《公法学札记》，法律出版社 2010 年版。

陈新民：《德国公法学基础理论》（下册），山东人民出版社 2001 年版。

刘小枫：《现代性社会理论》，上海三联书店 1998 年版。

陈春生：《行政法之学理与体系》，三民书局 1996 年版。

韩大元、林来梵、郑贤君：《宪法学专题研究》，中国人民大学出版社 2004 年版。

王泽鉴：《民法学说与判例研究》，北京大学出版社 2015 年版。

翁岳生编：《行政法》（下册），中国法制出版社 2009 年版。

蔡维音：《社会国之法理基础》，正典出版文化有限公司 2001 年版。

台湾行政法学会：《损失补偿行政程序法》，元照出版有限公司 2005 年版。

钟秉正：《社会法与基本权利保障》，元照出版有限公司 2010 年版。

应松年主编：《行政法与行政诉讼法学》，高等教育出版社 2017 年版。

黄本莲：《事故损害分担研究——侵权法的危机与未来》，法律出版社 2014 年版。

钟秉正：《社会保险法论》，三民书局股份有限公司 2005 年版。

钟秉正：《社会保险法总论》，元照出版有限公司 2017 年版。

林嘉主编：《劳动法和社会保障法》，中国人民大学出版社 2016 年版。

林嘉主编：《社会法》，载朱景文等：《中国特色社会主义法律体系研究报告》，中国人
　　民大学出版社 2010 年版。

谢荣堂：《社会法治国基础问题与权利救济》，元照出版有限公司 2008 年版。

马怀德：《国家赔偿法的理论与实践》，中国法制出版社 1994 年版。

陈新民：《中国行政法学原理》，中国政法大学出版社 2002 年版。

娄宇：《社会保障法请求权体系之架构》，中国政法大学出版社 2018 年。

王泽鉴：《债法原理》（第二版），北京大学出版社 2013 年版。

沈政雄：《社会保障给付之行政法学分析——给付行政法论之再开发》，元照出版有限
　　公司 2011 年版。

王泽鉴：《民法概要》，中国政法大学出版社 2003 年版。

王泽鉴：《法律思维与民法实例》，中国政法大学出版社 2001 年版。

刘飞：《德国公法权利救济制度》，北京大学出版社 2009 年版。

李昊：《危险责任的动态体系论》，北京大学出版社 2020 年版。

史尚宽：《债法总论》，中国政法大学出版社 2000 年版。

武萍等：《失独家庭养老服务法律保障问题研究》，社会科学文献出版社 2019 年版。

曲涛：《刑事被害人补偿制度研究》，中国法制出版社 2008 年版。

（二）译著

［德］乌尔里希·贝克：《风险社会》，何博闻译，译林出版社 2004 年版。

［德］汉斯·J. 沃尔夫等：《行政法》（第三卷），高家伟译，商务印书馆 2007 年版。

［德］汉斯·察赫：《福利社会的欧洲设计：察赫社会法文集》，刘冬梅、杨一帆等译，
　　北京大学出版社 2014 年版。

［日］市桥克哉等：《日本现行行政法》，田林等译，法律出版社 2017 年版。

［日］宇贺克也：《国家补偿法》，肖军译，中国政法大学出版社 2014 年版。

［英］安东尼·吉登斯：《失控的世界》，周红云译，江西人民出版社 2001 年版。

［德］乌尔里希·贝克、约翰内斯·威尔姆斯：《自由与资本主义——与著名社会学家
　　乌尔里希·贝克对话》，路国林译，浙江人民出版社 2001 年版。

〔英〕威廉·韦德:《行政法》,徐炳等译,中国大百科全书出版社 1997 年出版。

〔美〕布兰代斯:《哈佛法律评论·侵权法学精粹》,徐爱国编译,法律出版社 2005 年版。

〔美〕G. 爱德华·怀特:《美国侵权行为法:一部知识史》,王晓明、李宇译,北京大学出版社 2014 年版。

〔德〕艾伯哈特·艾亨霍夫:《德国社会法》,台湾社会法与社会政策学会主编,李玉君、林谷燕等译,元照出版有限公司 2019 年版。

〔奥〕海尔姆特·库齐奥:《侵权责任法的基本问题(第一卷):德语国家的视角》,朱岩译,北京大学出版社 2017 年版。

〔澳〕彼得·凯恩:《侵权法解剖》,汪志刚译,北京大学出版社 2010 年版。

〔日〕大须贺明:《生存权论》,林浩译,法律出版社 2000 年版。

〔德〕毛雷尔:《行政法学总论》,高家伟译,法律出版社 2000 年版。

〔德〕拉伦茨:《德国民法通论》(上),王晓晔、邵建东等译,法律出版社 2003 年版。

〔德〕汉斯·J. 沃尔夫等:《行政法》(第二卷),高家伟译,商务印书馆 2002 年版。

〔英〕W. V. 霍顿·罗杰斯:《比较法视野下的非金钱损失赔偿》,徐翠霞译,中国法制出版社 2012 年版。

〔德〕汉斯·J. 沃尔夫等:《行政法》(第一卷),高家伟译,商务印书馆 2002 年版。

〔德〕弗里德赫尔穆·胡芬:《行政诉讼法》,莫光华译,法律出版社 2003 年版。

〔奥〕伯恩哈德·A. 科赫、赫尔穆特·考茨欧:《比较法视野下的人身伤害赔偿》,陈永强、徐同远等译,中国法制出版社 2012 年版。

〔美〕庞德:《庞德法学文述》,张文伯、雷宾南译,中国政法大学出版社 2005 年版。

〔德〕考夫曼:《法律哲学》,刘幸义译,法律出版社 2003 年版。

〔美〕H. L. A. 哈特等:《法律中的因果关系》,张绍谦、孙战国译,中国政法大学出版社 2005 年版。

〔美〕罗斯科·庞德:《通过法律的社会控制》,沈宗灵译,商务印书馆 2010 年版。

(三)论文

〔德〕乌尔里希·贝克等:《风险社会与中国——与德国社会学家乌尔里希·贝克的对话》,载《社会学研究》2010 年第 5 期。

董文勇:《我国社会建设时代的社会法及其体系论纲》,载《河北法学》2016 年第 10 期。

［德］乌尔里希·贝克等：《从工业社会到风险社会（上篇）——关于人类生存、社会结构和生态启蒙等问题的思考》，载《马克思主义与现实》2003 年第 3 期。

王贵松：《风险社会与作为学习过程的法》，载《交大法学》2013 年第 4 期。

蒋成旭：《国家赔偿的制度逻辑与本土构造》，载《法制与社会发展》2019 年第 1 期。

林嘉：《社会保险对侵权救济的影响及其发展》，载《中国法学》2005 年第 3 期。

姜涛：《社会风险的刑法调控及其模式改造》，载《中国社会科学》2019 年第 7 期。

姜明安：《行政补偿制度研究》，载《法学杂志》2001 年第 5 期。

王利明：《建立和完善多元化的受害人救济机制》，载《中国法学》2009 年第 4 期。

詹镇荣：《社会国原则——责任主体、类型及界限》，载《月旦法学教室》2006 年第 42 期。

曾赟：《风险社会背景下行政法范式的流变：预防行政概念的提出》，载《社会科学战线》2010 年第 7 期。

谢荣堂：《社会法治国之社会安全法制》，载《月旦法学教室》2003 年第 10 期。

张志铭等：《迈向社会法治国：德国学说及启示》，载《国家检察官学院学报》2015 年第 1 期。

张翔：《基本权利的双重性质》，载《法学研究》2005 年第 3 期。

张翔：《基本权利的受益权功能与国家的给付义务——从基本权利分析框架的革新开始》，载《中国法学》2006 年第 1 期。

苏永钦：《民事财产法在新世纪面临的挑战》，载《人大法律评论》2001 年第 1 期。

王利明：《我国侵权责任法的体系构建——以救济法为中心的思考》，载《中国法学》2008 年第 4 期。

杜仪方：《"恶魔抽签"的赔偿与补偿——日本预防接种损害中的国家责任》，载《法学家》2011 年第 1 期。

姚辉：《侵权法的危机：带入新时代的旧问题》，载《人大法律评论》2000 年第 2 期。

林嘉等：《突发公共卫生事件社会补偿制度的构建》，载《中国人民大学学报》2020 年第 5 期。

林嘉：《论社会保障法的社会法本质——兼论劳动法与社会保障法的关系》，载《法学家》2002 年第 1 期。

林嘉：《公平可持续的社会保险制度研究》，载《武汉大学学报（哲学社会科学版）》2017 年第 4 期。

郑尚元：《社会法的定位和未来》，载《中国法学》2003 年第 5 期。

张翔：《民法人格权规范的宪法意涵》，载《法制与社会发展》2020 年第 4 期。

［德］英格沃·埃布森等：《德国〈基本法〉中的社会国家原则》，载《法学家》2012
　　年第 1 期。

龚向和：《国家义务是公民权利的根本保障——国家与公民关系新视角》，载《法律科
　　学（西北政法大学学报）》2010 年第 4 期。

邓炜辉：《论社会权的国家保护义务：起源、体系结构及类型化》，载《法商研究》
　　2015 年第 5 期。

王旭：《宪法上的尊严理论及其体系化》，载《法学研究》2016 年第 1 期。

张新宝等：《大规模侵权损害赔偿基金：基本原理与制度构建》，载《法律科学》2012
　　年第 1 期。

陈皓：《侵权法矫正正义论中的个人主义》，载《法制与社会发展》2014 年第 5 期。

赵新龙：《权利递嬗的历史逻辑——生存权保障机制的法哲学史考察》，载《政治与法
　　律》2011 年第 4 期。

喻少如：《论行政给付中的国家辅助性原则》，载《暨南学报（哲学社会科学版）》
　　2010 年第 6 期。

吴逸越：《德国社会补偿法的困境与〈社会法典〉第 14 编的诞生》，载《德国研究》
　　2023 年第 3 期。

宋跃晋：《论药物的损害救济——以药物不良反应为视角》，载《河北法学》2014 年第
　　9 期。

高宁若：《药害救济制度的意义、应用与成效》，载《月旦医事法报告》2017 年第
　　5 期。

元照研究室：《释字第 767 号解释——药害救济案》，载《月旦法学教室》2018 年
　　194 期。

邱玟惠等：《用药安全——谁的效益、风险与责任？从司法院释字第 767 号解释与药害
　　救济制度谈起》，载《药物安全简讯》2019 年第 65 期。

郭维真：《以公法之债解读我国社会保险税的建立——以纳税人财产权保护为视角》，
　　载《河北法学》2008 年第 12 期。

陈淑芳：《公法上债之关系》，载《月旦法学教室》2004 年第 17 期。

娄宇：《论社会补偿权》，载《法学》2021 年第 2 期。

王锴：《行政法上请求权的体系及功能研究》，载《现代法学》2012 年第 5 期。

徐以祥：《行政法上请求权的理论构造》，载《法学研究》2010 年第 6 期。

朱岩：《论侵权责任法的目的与功能：兼评〈中华人民共和国侵权责任法〉第 1 条》，载《私法研究》2010 年第 2 期。

王锴：《从赔偿与补偿的界限看我国〈国家赔偿法〉的修改方向》，载《河南省政法管理干部学院学报》2005 年第 4 期。

竺效等：《境外社会工作立法模式研究及其对我国的启示》，载《政治与法律》2008 年第 10 期。

余卫明：《社会保障立法模式探析》，载《法学杂志》2003 年第 5 期。

廖雯栅：《社会福利立法的模式选择及其难点突破》，载《江西社会科学》2016 年第 12 期。

国家统计局人口和就业统计司课题组等：《中国失独妇女及其家庭状况研究》，载《调研世界》2015 年第 5 期。

王广州：《中国失独妇女总量、结构及变动趋势计算机仿真研究》，载《人口与经济》2016 年第 5 期。

赵国玲等：《司法救助及其中国模式——以〈关于建立完善国家司法救助制度的意见（试行）〉展开》，载《政法论丛》2014 年第 5 期。

陈彬：《由救助走向补偿——论刑事被害人救济路径的选择》，载《中国法学》2009 年第 2 期。

杜仪方：《日本预防接种行政与国家责任之变迁》，载《行政法学研究》2014 年第 3 期。

杜仪方：《日本预防接种事件中的因果关系——以判决为中心的考察》，载《华东政法大学学报》2014 年第 1 期。

林咏青：《预防接种受害救济制度实务常见问题解析》，载《疫情报导》2020 年第 21 期。

杨立新：《〈民法典（草案）〉对高空抛掷物损害责任规则的完善》，载《当代法学》2020 年第 3 期。

张新宝、张馨天：《从〈侵权责任法〉第 87 条到〈民法典〉第 1254 条："高空抛物、坠物"致人损害责任规则》，载《比较法研究》2020 年第 6 期。

潘羿嘉：《社会补偿视角下高空抛物、坠物致害的救济》，载《法学》2020 年第 10 期。

袁文全等：《志愿服务行为的法律关系与法律责任解构》，载《西南大学学报（社会科学版）》2011 年第 4 期。

郭树理等：《奥运会志愿服务法律责任问题初探》，载《法学评论》2008 年第 4 期。

王红艳等：《志愿服务主体法律关系探讨》，载《广西政法管理干部学院学报》2010 年第 6 期。

孔东菊：《志愿者服务行为致人损害的责任承担——基于 16 个省、自治区、直辖市地方立法的实证分析》，载《理论月刊》2012 年第 2 期。

徐武生等：《见义勇为与无因管理制度》，载《中国人民大学学报》1999 年第 4 期。

傅昌强等：《见义勇为行为的行政法思考》，载《行政法学研究》2002 年第 2 期。

杨会新：《"被害人保护"与"刑罚轻缓化"：刑事和解不能承受之重》，载《法律科学（西北政法大学学报）》2011 年第 6 期。

王震：《从被害人视角重构刑法理论追问》，载《社会科学战线》2017 年第 11 期。

陈彬：《论刑事被害人国家补偿制度研究》，载《中国法学》2009 年第 2 期。

杨帆：《社会安全事件被害人国家补偿和救助制度探析——以日本国家补偿救助制度为参考》，载《社会福利》2016 年第 11 期。

韩大元：《"法治国家"的形式意义和实质意义》，载《检察日报》2014 年 1 月 14 日。

徐日丹：《健全司法救助制度 让困难当事人感受到司法温暖——法学专家评议〈关于建立完善国家司法救助制度的意见（试行）〉》，载《检察日报》2015 年 12 月 8 日。

李香民：《风险社会与我国法律观念的变革》，吉林大学法学院 2012 年博士学位论文。

李若兰：《德国法中的社会国原则》，中国人民大学法学院 2016 年博士学位论文。

王太高：《行政补偿制度研究》，苏州大学 2003 年博士学位论文。

（四）网络文章

《世卫组织：全球新冠肺炎确诊病例累计超过 109 万例》，载环球网，https：//3w. huanqiu. com/a/24d596/3xiCtOqo8hC？agt = 8，2021 年 2 月 28 日。

《全球累计确诊病例数超 1. 12 亿 多国继续推进新冠疫苗接种》，载中国新闻网，http://www. chinanews. com/gj/2021/02 - 24/9418096. shtml，2021 年 2 月 28 日。

《三鹿问题奶粉系列刑事案件将于 22 日一审宣判》，载环球网，https：//china. huanqiu. com/article/9CaKrnJltpO，2021 年 2 月 28 日。

《国务院就三鹿奶粉事件作出六项部署》，载中国青年报，http：//zqb. cyol. com/content/2008 - 09/14/content_ 2357141. htm，2021 年 2 月 28 日。

《"7·5"事件无辜死难者家属抚恤补贴提高至42万元》,载中国新闻网,http://www. chinanews. com/gn/news/2009/07 - 21/1783263. shtml,2021 年 2 月 28 日。

《国家安监总局公布温州动车事故调查报告（全文）》,载央视网,http://news. cntv. cn/china/20120221/122936. shtml,2021 年 2 月 28 日。

《上海外滩拥挤踩踏事件调查报告全文》,载中国新闻网,www. chinanews. com/gn/2015/01 - 21/6990536. shtml,2021 年 2 月 28 日。

《上海外滩踩踏事件遇难者家属将获80万元抚慰金》,载中国新闻网,www. chinanews. com/sh/2015/01 - 21/6992547. shtml,2021 年 2 月 28 日。

《国家医保局：医保减免范围随诊疗方案动态调整》,载中国新闻网,https://www. chinanews. com/gn/2020/02 - 20/9098372. shtml,2021 年 2 月 28 日。

《国家医保局：以人民为中心,切实保障患者医疗费用》,载新华网,http://www. xinhuanet. com/2020 - 03/29/c_ 1125784154. htm,2021 年 2 月 28 日。

二、外文文献

（一）著作

Michael Stolleis. History of social law in Germany, Springer Berlin Heidelberg, 2013.

Ulrich Becker, Soziales Entschädigungsrecht, Nomos Verlagsgesellschaft mbH & Co. KG, 2018.

Jenny Steels. Risks and legal theory, Hart publishing, 2004.

Henry Shue. Basic Right：Subsistence, Affluence and U. S. Foreign Policy, Princeton University Press, 1996.

Asbjorn Eide, Catarina Krause, Allan Rosas, eds. , Economic, Social and Culture Rights：A Textbook, Martinus Nijhoff Publisher, 1995.

Philip Alston, Katarina Tomasvski, eds. , The Right to Food, 1984.

Schulin, Soziales Entschädigungsrecht, in：Maydell/Ruland（Hrsg. ）, Sozialrechtshandbuch（SRH）, 2. Aufl. , 1996.

Hans F. Zacher, Abhandlungen zutn Sozialrecht, C. F. Müller Juristischer Verlag GmbH, 1993.

Jane Stapleton. Product Liability, Toronto Butterworths, 1994.

（二）论文

Violaine Roussel. Changing Definitions of Risk and Responsibility in French Political Scandals. Journal of Law and Society, vol. 29, no. 3, 2002, pp. 461 – 486.

Georg Wannagat, Die unfallversicherungsrechtliche Gefährdungshaftung im allgemeinen Haftungssystem, NJW 1960, S. 1597 – 1600.

Hans F. Zacher, Die Frage nach der Entwicklung eines sozialen Entschädigungsrechts, DÖV 25 (1972), S. 461 – 471.

Hans F. Zacher, Der Sozialstaat als Prozeß, Zeitschrift für die gesamte Staatswissenschaft, 134 (1978), S. 15 – 36.

Jörg Müller-Volbehr, Reform der sozialen Entschädigung, ZRP (10) 1982, S. 270 – 277.

Carol Harlow, Rationalising administrative compensation, Public Law, vol. 2, 2010, pp. 321 – 339.

Tony Honoré, Responsibility and Luck: The Moral Basis of Strict Liability, Law Quarterly Review, vol. 104, 1988, pp. 530.